Anthony de Mello

Wer bringt das Pferd zum Fliegen?

HERDER spektrum

Band 4963

Das Buch

„Im alten Indien verurteilte ein König einen Mann zum Tode. Der Mann bat den König, das Urteil aufzuheben, und fügte hinzu: ,Wenn der König gnädig ist und mein Leben schont, werde ich seinem Pferd innerhalb eines Jahres das Fliegen beibringen.' ,Es sei', sagte der König, ,aber wenn das Pferd in dieser Zeit nicht fliegen lernt, wirst du dein Leben verlieren.' Als seine Familie voll Sorge den Mann später fragte, wie er sein Versprechen einlösen wolle, sagte er: ,Im Laufe eines Jahres kann der König sterben. Oder das Pferd kann sterben, oder es kann fliegen. Wer weiß das schon?"
Pointiert, anschaulich und voll hintergründigem Humor sind die kleinen Geschichten und Aphorismen, mit denen Anthony de Mello die ganz großen Lebensthemen berührt: Wahrheit, Erziehung, Autorität, Spiritualität, die menschliche Natur, Beziehungen ... Ohne dem Ernst hinter solch großen Worten je auszuweichen, greift de Mello immer wieder mit Kreativität, die in der Kontemplation gründet, in den unerschöpflichen Fundus seiner Weisheitsgeschichten, um zu zeigen: Die Frage nach dem Sinn des Lebens, nach der Wahrheit muß sich jeder selbst stellen und beantworten, aber ein Blick auf so manches Skurrile, Absurde und Komische des Lebens kann dabei nicht schaden. Ein köstliches Lesevergnügen mit Tiefgang.

Der Autor

Anthony de Mello, 1931–1987, Exerzitienmeister und Weisheitslehrer, verband die Weisheit des Ostens, des Zen-Buddhismus, mit westlichen Weisheitstraditionen. Zahlreiche Publikationen machten ihn weltbekannt. Bei Herder Spektrum: Warum der Vogel singt (Band 4893); Zeiten des Glücks (Band 5009); Eine Minute Unsinn (Band 4379); Wie ein Fisch im Wasser (Band 4889); Eine Minute Weisheit (Band 4569); Warum der Schäfer jedes Wetter liebt (Band 4523); Mit Leib und Seele meditieren (Band 5017); Gib deiner Seele Zeit. Inspirationen für jeden Tag (Band 4757); John Callanau, Meditieren mit Anthony de Mello (Band 4789).

Anthony de Mello

Wer bringt das Pferd zum Fliegen?

Weisheitsgeschichten

Illustrationen von Jules Stauber

Aus dem Englischen von
Ursula Schottelius

Herder
Freiburg · Basel · Wien

Die Bücher von Pater Anthony de Mello wurden in einem multireligiösen Kontext verfaßt und sollten Anhängern anderer Religionen, Agnostikern und Atheisten eine Hilfe bei ihrer geistlichen Suche sein. Sie sind entsprechend dieser Intention des Autors nicht als Darstellungen des christlichen Glaubens oder Interpretationen katholischer Dogmen zu verstehen.

Gedruckt auf umweltfreundlichem,
chlorfrei gebleichtem Papier

7. Auflage

Herstellung: Freiburger Graphische Betriebe 2000
Umschlaggestaltung und Konzeption:
R·M·E München / Roland Eschlbeck, Liana Tuchel
Umschlagmotiv: Odilon Redon: Muse sur Pégase, 1907–1910
Privatsammlung: Paris
ISBN 3-451-04963-5

Vorwort

Die erste Erinnerung an Tony de Mello, die in meinem Herzen bleiben wird, liegt dreißig Jahre zurück und ist verbunden mit Lonavla und dem Haus, das viel später das Sadhana-Institut beherbergen sollte.

Tony war damals junger Jesuit und Student, unterrichtete aber schon junge Männer, die gerade ihr Noviziat beendet hatten. Die ganze Gruppe war für einige Ferientage in die Villa St. Stanislaus heraufgekommen. Ich erinnere mich an Tony, der mit den Junioren, wie wir sie nannten, vor der Küche unter Bäumen saß, mit ihnen zusammen Gemüse putzte und dabei eine sehr aufgeschlossene Zuhörerschaft mit Geschichten aus seinem unerschöpflichen Fundus ergötzte.

Seit damals ist viel geschehen; und Tony selbst hat ungezählte Entwicklungen und Veränderungen durchgemacht, engagiert in neue Aufgaben und Interessen. Aber er blieb immer ein unvergleichlicher Geschichtenerzähler. Kaum eine seiner Anekdoten war neu, und manche waren noch nicht einmal geistreich; aber, so wie er sie erzählte, wurden sie lebendig, waren eindrucksvoll und anschaulich oder ganz einfach witzig. Und so war es mit jedem Thema, das er berührte: es begann zu leben, und die Aufmerksamkeit wandte sich ihm zu.

Und nun liegt sein Abschiedsgeschenk vor uns, das sicher den Erfolg seiner anderen Bücher erreichen wird: „Wer bringt das Pferd zum Fliegen?“ Obgleich er eher beiläufig von seiner literarischen Arbeit sprach, verwendete er doch große Sorgfalt auf ihre Redaktion. Seine letzte Handlung in Indien, ehe er das Flugzeug nach den USA bestieg, bestand darin, länger als drei Stunden mit seinem

Verleger Einzelheiten des Manuskriptes zu besprechen. Ich habe den Text nicht gesehen, aber ich weiß, worum es ihm letztlich ging.

Das war am Abend des 30. Mai 1987. Am 2. Juni fand man ihn tot in seinem Zimmer in New York, er war einem akuten Herzanfall erlegen. Vorher hatte er sich die Zeit genommen, einem guten Freund einen langen Brief zu schreiben, in dem es in bezug auf frühere Erfahrungen hieß: „All das scheint zu einer anderen Zeit und einer anderen Welt zu gehören. Ich stelle fest, daß mein Interesse nun auf etwas anderes gerichtet ist, auf die ‚Welt des Geistes', und alles übrige erscheint mir unbedeutend und unwesentlich. Die Dinge, die früher so wichtig waren, haben ihr Gewicht verloren. Anliegen wie die von Achaan Chah, dem buddhistischen Lehrer, beanspruchen mein ganzes Interesse, und ich verliere die Lust an anderen Dingen. Ist das eine Täuschung? Ich weiß es nicht. Aber nie zuvor in meinem Leben habe ich mich so glücklich, so frei gefühlt ..."

Das charakterisiert Tony, so war er und so sahen andere ihn in seinem letzten Lebensabschnitt, ehe er uns so plötzlich, drei Monate vor seinem 56. Geburtstag verließ. Und nun gibt es schon eine große Menge Literatur über ihn, eine wirkliche Goldene Legende mit Aussagen ganz unterschiedlicher Menschen aus allen Teilen der Welt. Ziemlich viele sagen, sie hätten ihn nie kennengelernt, seien aber von seinen Büchern zutiefst berührt worden. Andere hatten das Privileg einer engen Beziehung. Wieder andere hatten, wenn auch nur kurz, den Zauber seiner gesprochenen Rede empfunden.

Nicht, daß alle stets einverstanden waren mit dem, was er sagte oder tat, besonders nachdem er die überkommenen Grenzen spiritueller Experimente überschritten hatte, aber andererseits erwartete Tony durchaus keine gefügige Gefolgschaft, eher das Gegenteil. Viele wurden von seiner Persönlichkeit und seinen Gedanken angezogen, eben weil er jedermann herausforderte, zu fragen, nachzuforschen, vorgefertigte Gedankenmuster und Verhaltensweisen aufzugeben, weg von Klischees, und das Wagnis einzugehen, das eigene wahre Selbst zu sein, kurz und gut, eine immer größere Authentizität zu suchen.

Ein nicht nachlassendes Streben nach Glaubwürdigkeit, so wurde Tonys Vision von allen und von überallher verstanden. Und das gab seiner vielschichtigen Persönlichkeit eine Integrität und Ganzheit, die besonderen Zauber und Ausstrahlung hatte: sie versöhnte Gegensätze, nicht unter Druck, sondern zu einer harmonischen Mischung. Er war stets bereit, freundschaftlich die Hand zu reichen, Anteil zu nehmen, und doch spürte man, daß da etwas war, das unerreichbar blieb. In Gesellschaft konnte er ausgelassen sein und mit unglaublichen Witzen aufwarten, aber niemand zweifelte an dem unerschütterlichen Ernst seiner Absicht.

Im Laufe der Jahre machte er viele Veränderungen durch, und dennoch gab es Konstanten in seinem Charakter, die unverrückbar blieben. Ein hervorragendes Beispiel dafür ist sein Engagement als Jesuit. Er hatte die leidenschaftliche Unterstützung der „Geistlichen Übungen", wie sie der heilige Ignatius vorgesehen hatte, weit hinter sich gelassen, wodurch er zum ersten Mal international bekannt wurde; tatsächlich befand er sich schließlich weit außerhalb dessen, was ignatianische Spiritualität genannt werden könnte. Aber er gab seine Identität als Jesuit nie auf. Offensichtlich sah er dafür keine Veranlassung, wahrscheinlich zog er es überhaupt nicht in Betracht, denn er fühlte sich völlig im Einklang mit Geist und Herz Ignatius' von Loyola, wie er den Heiligen kannte und verstand.

In einer Predigt, die er vor den Ordensprovinzialen Indiens 1983 hielt, ehe sie gemeinsam an der letzten Generalkongregation oder Ordenskapitel teilnahmen, vermittelte er ihnen eine Einsicht in Ignatius, die mehr noch eine Selbstoffenbarung Tonys war:

„Von unseren frühen Ordensvätern wird überliefert, daß Gott Ignatius von Loyola die Gnade und das Charisma gab, die Er für die Gesellschaft Jesu als Ganzes und für jeden einzelnen Jesuiten vorgesehen hatte. Wenn ich heute für mich selbst und unsere Gesellschaft aus den vielen Gaben, die Ignatius hatte, wählen sollte, würde ich ohne zu zögern diese drei aussuchen: seine Kontemplation, seine Kreativität und seinen Mut."

4. September 1987 *Parmananda R. Divarkar S. J.*

Anleitung

Rätselhaft ist das menschliche Herz: es verlangt nach Wahrheit, nur in ihr kann es Befreiung und Entzükken finden, und doch reagieren die Menschen zunächst auf die Wahrheit mit Feindseligkeit und Furcht. Daher haben die geistlichen Lehrer der Menschheit, wie Buddha und Jesus, einen Weg gefunden, um den inneren Widerstand ihrer Zuhörer zu umgehen: *die Geschichte.* Sie wußten, die bezwingendsten Worte in jeder Sprache lauten: „Es war einmal ...", und mag es auch üblich sein, der Wahrheit zu widerstehen, so ist es doch unmöglich, sich gegen eine Geschichte zur Wehr zu setzen.

Vyasa, Autor des Mahabharata, sagt, wer einer Geschichte aufmerksam lausche, wird nie mehr der gleiche sein wie zuvor, weil die Geschichte sich in sein Herz hineinschlängelt und die Schranken vor dem Göttlichen niederreißt. Auch wenn man die Geschichten dieses Buches nur zur Unterhaltung liest, ist doch keine Gewähr gegeben, daß nicht dann und wann eine von ihnen durch die Verteidigungslinien schlüpft und wie eine Mine hochgeht, gerade dann, wenn man es am wenigsten erwartet. Man sei also gewarnt!

Wer tollkühn genug ist, sich um Erleuchtung zu bemühen, dem schlage ich folgendes vor:

1. Man trage eine Geschichte mit sich, um in Augenblicken der Muße über sie nachzudenken. Das gibt ihr die Chance, im Unbewußten zu wirken und ihre verborgene Bedeutung zu enthüllen. Erstaunt wird man feststellen, daß sie ganz unerwartet wieder auftaucht, gerade dann, wenn ein Ereignis oder eine Situation der Erleuchtung bedarf und man dadurch Einsicht und innere Heilung er-

fährt. Indem man sich diesen Geschichten aussetzt, wird man gewissermaßen Gasthörer bei einem Lehrgang für Erleuchtung, für den es keines anderen Gurus als seiner selbst bedarf.

2. Da jede dieser Geschichten Wahrheit enthüllt und WAHRHEIT, groß geschrieben, Wahrheit über *sich selbst* bedeutet, achte man beim Lesen darauf, zielstrebig nach einem tieferen Verständnis seiner selbst zu suchen. So, als lese man ein medizinisches Buch und sich dabei frage, ob man eines der Symptome an sich erkennt – aber nicht wie ein psychologisches Buch, bei dessen Lektüre man ständig typische Vertreter unter seinen Freunden entdeckt.

Gibt man der Versuchung nach, Einblicke in andere gewinnen zu wollen, wird man Schaden nehmen.

Mulla Nasrudins Sehnsucht nach Wahrheit war so leidenschaftlich, daß er weite Reisen unternahm, um Korangelehrte zu treffen, und er scheute sich auch nicht, im Basar Ungläubige in Diskussionen über Glaubenswahrheiten zu verwickeln.

Eines Tages sagte ihm seine Frau, wie ungerecht er sie behandele, und sie mußte entdecken, daß ihr Mann für diese Art von Wahrheit nicht das geringste Interesse hatte!

Und einzig um diese Art der Wahrheit geht es. Unsere Welt wäre eine andere, wenn die Gelehrten und Ideologen unter uns, seien es religiöse oder weltliche, von der gleichen Leidenschaft nach Selbsterkenntnis getrieben würden, die sie für ihre Theorien und Dogmen entfalten.

„Sehr gute Predigt", sagte eine Frau aus der Gemeinde, als sie dem Priester die Hand schüttelte. „Alles, was Sie sagten, paßt auf den einen oder anderen meiner Bekannten."
Verstehen Sie nun?

Inhalt

WAHRHEIT

ERZIEHUNG

AUTORITÄT

SPIRITUALITÄT

MENSCHLICHE NATUR

BEZIEHUNGEN

HILFE LEISTEN

WAHRHEIT

Wie eine Tasse Tee

Wahrheit findet man nicht in Formeln …

Ein Mann trank mit einem Freund Tee in einem Restaurant. Lange und fest blickte er auf seine Tasse und sagte dann mit einem resignierten Seufzer: „Ach, mein Freund, das Leben ist wie eine Tasse Tee."

Der andere dachte eine Weile darüber nach, blickte ebenfalls lange und fest auf seine Tasse und fragte dann: „Warum? Warum ist das Leben wie eine Tasse Tee?"

Der Mann antwortete: „Wie soll ich das wissen? Bin ich ein Intellektueller?"

Ein milderes Urteil

… noch in Zahlen …

Angeklagter", sagte der Richter, „ich spreche Sie schuldig in dreiundzwanzig Punkten. Daher verurteile ich Sie zu einer Gesamtstrafe von 175 Jahren."

Der Verurteilte war ein alter Mann. Er brach in Tränen aus.

Das Gesicht des Richters wurde milder. „Ich wollte nicht grausam sein", sagte er. „Ich weiß, die Strafe, die ich verhängt habe, ist sehr hart. Sie werden sie nicht ganz abzusitzen brauchen."

In den Augen des Angeklagten glomm Hoffnung auf.

„So ist es gut", sagte der Richter, „büßen Sie soviel ab, wie Sie können."

Wie soll er heißen?

... auch nicht in Namen ...

Als es an der Zeit war, ihrem Erstgeborenen einen Namen zu geben, begann ein Ehepaar zu streiten. Die Frau wollte ihn nach ihrem Vater nennen, der Mann bestand darauf, daß der Sohn den Namen seines Vaters trägt. Schließlich wandten sich beide an den Rabbi, der ihren Streit schlichten sollte.

„Wie hieß dein Vater?" fragte der Rabbi den Mann.

„Abijah."

„Und deiner?" fragte er die Frau.

„Abijah."

„Wo liegt dann das Problem?" fragte der Rabbi verwirrt.

„Das ist so, Rabbi", sagte die Frau. „Mein Vater war ein Gelehrter, und seiner ein Pferdedieb. Wie kann ich zulassen, daß mein Sohn nach einem Schurken benannt wird?"

Der Rabbi dachte ernsthaft darüber nach, denn das Problem war in der Tat heikel. Er wollte nicht, daß die eine Partei das Gefühl hatte, gewonnen, oder die andere, verloren zu haben. Also sagte er schließlich: „Ich schlage folgendes vor: Nennt den Jungen Abijah. Dann wartet ab und seht, ob er ein Gelehrter oder ein Pferdedieb wird. Dann wißt ihr, nach wem ihr ihn benannt habt."

Halb verschenkt

... oder in Symbolen

Ich habe gehört, Sie haben Ihr Fahrrad verkauft."

„Das stimmt."

„Wieviel haben Sie dafür bekommen?"

„Dreißig Dollar."

„Ein annehmbarer Preis!"

„Das ist richtig. Wenn ich freilich gewußt hätte, daß der Mann mir das Geld nicht bezahlen würde, hätte ich doppelt soviel verlangt."

Theorie und Praxis

... auch nicht in Theorien

Ein Manager, der gerade von einem Motivationsseminar zurückgekommen war, bestellte einen Angestellten in sein Büro und sagte: „Von heute an sollen Sie Ihre Arbeit selbst planen und kontrollieren. Ich bin überzeugt, dies wird die Produktion beträchtlich erhöhen."

„Bekomme ich auch mehr Geld?" fragte der Angestellte.

„Aber nein. Geld ist keine Motivation, und eine Gehaltserhöhung bringt Ihnen keine Befriedigung."

„Wenn die Produktion nun wirklich steigt, bekomme ich dann mehr Geld?"

„Hören Sie", sagte der Manager, „offensichtlich verstehen Sie die Motivationstheorie nicht. Nehmen Sie dieses Buch mit nach Hause, und lesen Sie es; Sie werden daraus lernen, was Sie wirklich motiviert."

Beim Hinausgehen fragte der Mann: „Wenn ich das Buch gelesen habe, bekomme ich dann mehr Geld?"

Die Teddybär-Theorie

Ein Ehepaar wußte nicht, was es tun sollte, um mit der Eifersucht ihres dreijährigen Sohnes auf das neue Baby fertig zu werden. In einem Buch über Psychologie des Kindes fanden sie einen Hinweis.

Als der kleine Bursche einmal besonders schlecht gelaunt war, sagte die Mutter: „Nimm den Teddy hier,

Schatz, und zeig mir, was du am liebsten mit dem Baby machen möchtest."

Dem Buch zufolge hätte er den Teddy schlagen und kneifen müssen. Doch der Dreijährige packte den Bären am Bein und ging mit strahlendem Gesicht zum Baby hinüber und schlug ihm damit auf den Kopf.

Nasrudins Atem

... oder in Worten

Ich sehne mich danach, Spiritualität zu erlernen", sagte ein Nachbar zu Mulla Nasrudin. „Würdet Ihr wohl zu mir ins Haus kommen und mir darüber erzählen?"

Nasrudin legte sich nicht fest. Er erkannte, daß der Mann wirklich ein Fünkchen Intelligenz über dem Durchschnitt besaß, merkte aber auch, daß er in der Vorstellung lebte, Mystik könnte mündlich mitgeteilt werden.

Einige Tage später rief der Nachbar von seinem Dach: „Mulla, ich brauche Eure Hilfe, um mein Feuer anzublasen. Die Glut geht aus."

„Natürlich steht dir mein Atem zur Verfügung", sagte Nasrudin. „Komm herüber in mein Haus, und du kannst soviel davon bekommen, wie du wegtragen kannst."

Lauter spielen!

Ein Dirigent probte mit seinem Orchester und sagte zu dem Trompeter: „Ich glaube, an diese Stelle sollten Sie mit etwas mehr Wagnerscher Verve herangehen, wenn Sie wissen, was ich meine, ein bißchen nachdrücklicher, betonter, etwas mehr Volumen, mehr Tiefe, mehr ..."

Der Trompeter unterbrach: „Soll ich lauter spielen, Sir?"

Keine Probleme

... noch mit Schlagworten ...

Eine Religionsgemeinschaft pflegte ihre Veranstaltungen in einem Hotel abzuhalten, dessen Devise in großen Lettern an den Wänden der Empfangshalle stand: „Es gibt keine Probleme, nur Chancen."

Ein Mann trat an die Rezeption und sagte: „Entschuldigung, ich habe ein Problem."

Der Empfangschef erwiderte lächelnd: „Wir kennen keine Probleme, Sir, nur Chancen."

„Nennen Sie es, wie Sie wollen", sagte der Mann ungeduldig, „in dem mir zugewiesenen Zimmer ist eine Frau."

Auf der Gewinnerseite

... in Etiketten

Ein Engländer wanderte in die Vereinigten Staaten aus und wurde amerikanischer Staatsbürger.
Als er zu Ferien nach England zurückkam, machte ihm eine Verwandte Vorwürfe, daß er seine Staatsbürgerschaft gewechselt habe.

„Was hast du damit gewonnen, daß du amerikanischer Staatsbürger geworden bist?" fragte sie.

„Nun ja, zumindest bin ich im amerikanischen Unabhängigkeitskrieg auf der Gewinnerseite", lautete die Antwort.

Dieser russische Winter

... in Konventionen

Als die russisch-finnische Grenze neu festgelegt wurde, erfuhr ein Bauer, daß die Grenze jetzt mitten durch sein Grundstück verlief. Er habe daher die Wahl, seinen Hof entweder nach Rußland oder nach Finnland zu verlegen. Der Bauer versprach, ernsthaft darüber nachzudenken; nach einigen Wochen erklärte er, er wolle in Finnland leben. Eine Schar erboster Russen fiel über ihn her, um ihm die Vorteile der Zugehörigkeit zu Rußland zu erklären.

Der Mann hörte geduldig zu und sagte schließlich: „Ich stimme mit allem, was Sie sagen, völlig überein. Tatsächlich war es schon immer mein Wunsch, bei Mütterchen Rußland zu leben. Aber in meinem Alter bin ich einfach nicht mehr in der Lage, auch nur einen dieser russischen Winter durchzustehen."

Was heißt: so sehr?

... oder Unterscheidungen

Ein Mann saß an seiner philosophischen Doktorarbeit. Wie ernst er seine Studien nahm, wurde seiner Frau erst klar, als sie ihn eines Tages fragte: „Warum liebst du mich so sehr?"

Wie aus der Pistole geschossen, erwiderte er: „Wenn du sagst, ‚so sehr', beziehst du dich dann auf die Intensität, Tiefe, Häufigkeit, Qualität oder Dauer?"

Die Schönheit einer Rose ist nicht zu vermitteln, indem man ihre Blütenblätter präpariert.

Die genaue Mischung

Wahrheit läßt sich im allgemeinen auch nicht in Statistiken finden

Nasrudin wurde verhaftet und unter der Beschuldigung vor Gericht gestellt, er hätte in seinem Restaurant Pferdefleisch unter die panierten Hühnerschnitzel gemengt.

Ehe der Richter sein Urteil sprach, wollte er wissen, in welchem Verhältnis er Pferde- mit Hühnerfleisch vermischt habe. Unter Eid bekannte Nasrudin: „50 : 50, Euer Ehren."

Nach der Verhandlung fragte ihn ein Freund, was genau 50 : 50 bedeute. Sagte Nasrudin: „Ein Pferd auf ein Huhn."

Prozente

Eine Gruppe von hundert Holzfällern arbeitete sechs Monate im Wald. Zwei Frauen kochten für sie und besorgten die Wäsche.

Am Ende dieser Zeit heirateten zwei der Männer die beiden Frauen.

Die Lokalzeitung meldete: „2% der Männer haben 100% der Frauen geheiratet."

Mann oder Maus?

... oder in der Logik

Ein stattlicher Mann schickte sich an, das Lokal gegen zehn Uhr zu verlassen.

„Warum so früh?" fragte der Wirt.

„Wegen meiner Frau."

„Du hast also Angst vor deiner Frau? Bist du ein Mann oder eine Maus?"

„Eines bin ich mir sicher: Ich bin keine Maus, denn meine Frau hat Angst vor Mäusen."

Der Größte

Ein Philosophieprofessor in Paris erklärte sich eines Tages zum bedeutendsten Mann der Welt. Dazu führte er gegenüber seinen Studenten folgenden Beweis:

„Welches ist die bedeutendste Nation der Welt?"

„Frankreich natürlich", erklärten sie einmütig.

„Und wie heißt die bedeutendste Stadt in Frankreich?"

„Natürlich Paris."

„Und ist nicht der bedeutendste und heiligste Ort in ganz Paris die Universität? Und wer wollte bezweifeln, daß die wichtigste, edelste Fakultät jeder Universität die Philosophische ist? Und sagen Sie mir: Wer ist der Dekan dieser Fakultät?"

„Sie", erwiderten die Studenten im Chor.

Genauso alt

Arzt: „Der Schmerz in Ihrem Bein ist auf Ihr hohes Alter zurückzuführen."
Patient: „Verkaufen Sie mich nicht für dumm! Das andere Bein ist genauso alt."

Wer ist Buddha?

... oder in Abstraktionen

Ein Schüler sagte zu dem Zen-Meister Hogen: „Als ich bei meinem vorherigen Meister lernte, bekam ich einen kleinen Einblick in das, was Zen eigentlich ist."

„Welchen Einblick bekamst du?" fragte Hogen.

„Als ich den Meister fragte, wer Buddha wäre (womit ich natürlich die Wirklichkeit meinte), sagte er: ‚Ping-ting kommt wegen Feuer'."

„Das war eine gute Antwort", sagte Hogen, „aber ich fürchte, du könntest ihn falsch verstanden haben. Sag mir, wie hast du seine Worte gedeutet?"

„Ping-ting ist der Gott des Feuers. Es wäre also genauso absurd zu sagen, der Gott des Feuers kommt wegen Feuer, als mich, dessen wahre Natur wirklich Buddha ist, fragen zu lassen, wer der Buddha ist. Wie kann jemand, der tatsächlich, wenn auch unbewußt, Buddha ist, eine Frage hinsichtlich des Buddha stellen?"

„Ach ja", sagte Hogen, „genau, was ich fürchtete. Du irrst gewaltig! Nun frag du mich."

„Gut. Wer ist Buddha?"

„Ping-ting kommt wegen Feuer", sagte Hogen.

Genshas Antwort

Der große Gensha lud einmal einen Hofbeamten zum Tee ein. Nach den üblichen Begrüßungen sagte der Beamte: „Ich möchte diese Gelegenheit, einen so großen Meister neben mir zu haben, nicht ungenutzt lassen. Sagt mir, was bedeutet es, wenn man sagt, wir hätten es zwar in unserem täglichen Leben, sähen es aber nicht?"

Gensha bot dem Mann ein Stück Kuchen an. Dann schenkte er ihm Tee ein. Als sie gegessen und getrunken hatten, wiederholte der Beamte seine Frage, in der Annahme, der Meister hätte sie nicht gehört. „Ja, natürlich", sagte der Meister, „es bedeutet, daß wir es nicht sehen, obgleich wir es in unserem täglichen Leben haben."

Die, die wissen, sagen es nicht,
Die, die es sagen, wissen es nicht.
Daher schweigen die Weisen.
Die Klugen sprechen – die Dummen argumentieren.

Das Erkennungszeichen

Wahrheit verändert sich auf ihre eigene Weise

Ein Passagier hatte sich auf den verschiedenen Decks eines großen Ozeandampfers verirrt.
Schließlich traf er einen Steward und bat ihn, ihm zu helfen, seine Kabine wieder zu finden.

„Welche Nummer hat Ihre Kabine, Sir?" fragte der Steward.

„Das weiß ich nicht, aber ich würde sie sofort erkennen, weil vor dem Bullauge ein Leuchtturm war."

Zu seinem Wort stehen

Richter: „Wie alt sind Sie?"
Sträfling: „Zweiundzwanzig, Sir."
Richter: „Das erzählen Sie uns schon seit zehn Jahren."

Sträfling: „Das stimmt, Sir. Ich gehöre nicht zu denen, die heute so reden und morgen so."

Genaugenommen

Alte Schauspielerin: „Ich weiß nicht, wie alt ich bin. Mein Alter ändert sich von einer Minute zur anderen."

Ich bin kein Ausländer

Wahrheit kann relativ sein

Ein amerikanischer Tourist reiste zum erstenmal ins Ausland. Als er auf dem ersten fremden Flughafen ankam, mußte er sich zwischen zwei Ausgängen entscheiden. Über dem einen stand: *Bürger,* über dem anderen: *Ausländer.*

Ohne zu zögern, wandte er sich dem ersten zu. Als ihm dann gesagt wurde, er hätte sich in die andere Warteschlange einreihen müssen, widersprach er: „Ich bin doch kein Ausländer. Ich bin Amerikaner."

Erfolg und Mißerfolg

Der englische Dramatiker Oscar Wilde kam spät nachts in seinen Club, nachdem er der Premiere eines seiner Stücke beigewohnt hatte, das durchgefallen war. Hier fragte man ihn: „Wie ging es mit deinem Stück heute abend, Oscar?"

Wilde antwortete: „Das Stück war ein großer Erfolg. Die Zuschauer waren ein Mißerfolg."

Gesungene Wahrheit

Sie ist fest umrissen

Ein Mönch sagte einmal zu Fuketsu: „Ich hörte Euch einst Erstaunliches sagen, und zwar, daß Wahrheit mitgeteilt werden könne, ohne darüber zu reden, aber auch ohne zu schweigen. Könnt Ihr mir das bitte erklären?"

Fuketsu antwortete:

„Als ich ein kleiner Junge in Südchina war, wie sangen da im Frühling die Vögel in den blühenden Bäumen!"

Wie man's sieht

... und doch nicht meßbar

Ein Frosch hatte sein Leben lang in einem Brunnen gewohnt. Eines Tages sah er zu seinem Erstaunen einen anderen Frosch.

„Woher kommst du?" fragte er.

„Aus dem Meer, dort lebe ich", sagte der andere.

„Wie ist das Meer? Ist es so groß wie mein Brunnen?"

Der Meeresfrosch lachte. „Das ist nicht zu vergleichen", sagte er.

Der Brunnenfrosch tat so, als sei er daran interessiert, was sein Besucher über das Meer zu berichten habe. Aber er dachte: „Unter all den Lügnern, die ich in meinem Leben kennengelernt habe, ist dieser hier zweifellos der größte und unverschämteste."

Wie soll man einem Frosch im Brunnen vom Ozean erzählen
oder einem Ideologen von der Wirklichkeit?

Das straffe Seil über dem Abgrund

Wahrheit ist in Wirklichkeit etwas, was man tut

Eines Tages sagten seine Schüler zu Baal Shem Tov: „Erkläre uns, lieber Rabbi, wie wir Gott dienen sollen." Er antwortete: „Wie soll ich das wissen?" ... und begann, ihnen folgende Geschichte zu erzählen:

Ein König hatte zwei Freunde, die eines Verbrechens überführt und zum Tode verurteilt wurden. Obwohl der König sie liebte, wagte er nicht, sie ohne weiteres zu begnadigen, aus Angst, dem Volk ein schlechtes Beispiel zu geben. Also fällte er folgendes Urteil: Ein Seil sollte über einen tiefen Abgrund gespannt werden, und jeder der beiden Männer sollte darüber gehen, um entweder in Sicherheit und Freiheit zu gelangen, oder, wenn er hinunterfiel, den Tod zu erleiden.

Der erste der beiden kam sicher hinüber. Der zweite rief ihm über den Abgrund zu: „Sag mir, Freund, wie hast du das gemacht?" Der erste rief zurück: „Wie soll ich das wissen? Ich machte es einfach so: Wenn ich den Eindruck hatte, ich neigte mich zu sehr nach der einen Seite, lehnte ich mich nach der anderen."

Was ist das eigentlich?

Man lernt radfahren nicht im Klassenzimmer

Kleiner Junge zu einem Elektriker: „Was genau ist eigentlich Elektrizität?"
„Das weiß ich wirklich nicht, mein Junge. Aber ich kann sie dazu bringen, daß sie dir Licht gibt."

Wahrheit – nicht Job

Ein Mann bat Bayazid, ihn als Schüler anzunehmen. „Wenn du auf der Suche nach Wahrheit bist", sagte Bayazid, „müssen gewisse Anforderungen gestellt und Pflichten erfüllt werden."

„Und das sind?"

„Du wirst Wasser pumpen und Holz hacken müssen, den Haushalt besorgen und kochen."

„Ich bin auf der Suche nach Wahrheit und nicht nach einem Job", sagte der Mann und ging davon.

Das Wichtigste

Kurz nach dem Tod von Rabbi Mokshe fragte Rabbi Mendel einen seiner Schüler: „Was hielt dein Lehrer für das Wichtigste?"

Der Schüler dachte einen Augenblick nach und sagte dann: „Das, was er im Augenblick gerade tat."

Das Mark des Zen-Patriarchen

... sie wird am besten durch Schweigen ausgedrückt

Bodhidharma wird als der erste Zen-Patriarch angesehen. Er war es, der im 6. Jahrhundert den Buddhismus von Indien nach China brachte. Als er beschloß, nach Hause zurückzukehren, versammelte er seine chinesischen Schüler um sich, um aus ihrem Kreis einen Nachfolger zu ernennen. Er stellte ihr Wahrnehmungsvermögen auf die Probe, indem er jedem die Frage vorlegte: „Was ist Wahrheit?"

Dofuku sagte: „Wahrheit ist das, was jenseits von Zustimmung und Ablehnung liegt." Bodhidharma sagte: „Du hast meine Haut."

Die Nonne Soji sagte: „Sie ist wie Anands Vision von Buddhaland – ein für allemal blitzartig erfaßt." Bodhidharma sagte: „Du hast mein Fleisch."

Doiku sagte: „Die vier Elemente Wind, Wasser, Erde und Feuer sind leer. Wahrheit ist Kein-Ding." Bodhidharma sagte: „Du hast meine Knochen."

Schließlich blickte der Meister Eka an, der sich tief verneigte, lächelte und schwieg. Bodhidharma sagte: „Du hast mein Mark."

Eignung

Der fünfte Zen-Patriarch, Hung-jun, wählte Hui-neng unter fünfhundert Mönchen zum Nachfolger aus. Als man ihn nach dem Grund fragte, antwortete er: „Die übrigen vierhundertneunundneunzig zeigten vollkommenes Verständnis des Buddhismus. Nur Hui-neng verstand überhaupt nichts davon. Er ist ein Mensch, der nicht mit gewöhnlichem Maß gemessen werden kann. So fiel das Los auf ihn, damit er die Lehre unverfälscht weitergibt."

Keine Verwirrung

... und verlangt nach jener großartigsten Leistung menschlichen Geistes: aufgeschlossen zu sein ...

Als Neu-Mexiko Teil der Vereinigten Staaten wurde, so wird erzählt, und der Gerichtshof des neuen Staates zum erstenmal zusammentrat, amtierte als vorsitzender Richter ein hartgesottener ehemaliger Cowboy, der gegen die Indianer gekämpft hatte.

Er nahm seinen Platz ein, und das Verfahren wurde eröffnet. Ein Mann wurde des Pferdediebstahls bezichtigt. Die Anklagevertretung trug den Fall vor, der Kläger und seine Zeugen wurden gehört.

Darauf erhob sich der Anwalt des Angeklagten und sagte: „Und nun, Euer Ehren, möchte ich vortragen, wie mein Mandant den Fall sieht."

Sagte der Richter: „Setzen Sie sich. Das ist nicht nötig. Es würde nur die Jury verwirren!"

Wenn man eine Uhr besitzt,
weiß man, wie spät es ist.
Hat man zwei Uhren,
ist man nie ganz sicher.

Herzklopfen

... und ein furchtloses Herz zu haben

Im Herzen des Suchenden ertönte ein lautes Klopfen. „Wer ist da?" fragte der erschrockene Sucher.

„Ich bin es, die Wahrheit", kam die Antwort.

„Mach dich nicht lächerlich", sagte der Suchende, „die Wahrheit spricht im Schweigen."

Tatsächlich hörte das Klopfen auf – zur großen Erleichterung des Suchenden.

Er wußte aber nicht, daß es sein Herz war, das so ängstlich klopfte.

Die Wahrheit, die uns befreit,
ist fast immer eine Wahrheit,
die wir lieber nicht hören wollen.

Sagen wir also, irgend etwas sei nicht wahr, meinen wir nur allzuoft:
„Ich höre das nicht gerne!"

Absage – chinesisch

Ihre Klarheit sollte nicht durch Höflichkeit getrübt werden

Ablehnungsschreiben eines chinesischen Verlages, der dem Autor ein Manuskript zurückschickt:
„Wir haben Ihr Manuskript mit besonderem Genuß gelesen. Wir fürchten jedoch, sollten wir Ihre hervorragende Arbeit veröffentlichen, daß wir in Zukunft nicht mehr die Möglichkeit hätten, eine andere Arbeit, die nicht diesen von Ihnen gesetzten Standard erreicht, herausbringen zu können. Und wir können uns nicht vorstellen, wie in den nächsten hundert Jahren ein anderes Werk dem Ihren gleichkommen könnte. So sind wir zu unserem tiefsten Bedauern gezwungen, Ihr außerordentliches Essay zurückzuschicken. Zugleich bitten wir Sie tausendmal um Entschuldigung für unsere Kurzsichtigkeit und Ängstlichkeit."

Wer führt eigentlich?

... noch durch kulturbedingte Formulierungen

Ein amerikanisches Mädchen besuchte die Tanzstunde in einer etwas altmodischen Tanzschule. Da sie ständig bestrebt war, ihren Partner zu führen, protestierte er immer wieder: „He, wer führt hier eigentlich, du oder ich?"

Eines Tages war ihr Partner zufällig ein junger Chinese, der kurz nach Beginn des Tanzes höflich flüsterte: „Ist es nicht im allgemeinen vorteilhafter, wenn die Dame während des Tanzes alle vorgefaßten Ideen über die Richtung, in welche sich das Paar bewegen sollte, aufgibt?"

Natürlich gehen Sie nach Kalkutta!

Manchmal verbirgt sie sich hinter Aufrichtigkeit ...

Zwei Handelsvertreter trafen sich auf einem Bahnsteig. „Hallo."

„Hallo."

Schweigen.

„Wohin fahren Sie?"

„Kalkutta."

Schweigen.

„Hören Sie! Wenn Sie sagen, Sie fahren nach Kalkutta, wissen Sie genau, daß ich denke, in Wirklichkeit fahren Sie nach Bombay. Aber nun weiß ich zufällig, daß Sie tatsächlich nach Kalkutta fahren. Warum sagen Sie also nicht die Wahrheit?"

In der Jauchegrube

... und manchmal wird sie durch Lügen enthüllt ...

Ein Betrunkener, der nachts unterwegs war, fiel in eine Jauchegrube. Als er immer tiefer in die flüssige Masse sank, begann er „Feuer" zu schreien.

Mehrere Passanten hörten ihn und stürzten herbei, um ihm zu helfen. Als sie ihn herausgezogen hatten, fragten sie ihn, warum er „Feuer" geschrien habe, obwohl doch nichts gebrannt hatte.

Er gab ihnen die Antwort: „Wäre einer von Ihnen zu Hilfe gekommen, wenn ich ‚Scheiße' geschrien hätte?"

Vater, ich bin zurück

Ein Soldat wurde eilends von der Front zurückgerufen, weil sein Vater im Sterben lag. Er erhielt eine Sondergenehmigung, denn außer ihm hatte der Vater keine Familienangehörigen mehr.

Als er die Intensivstation betrat, erkannte er sofort, daß dieser halb bewußtlose Mann mit Schläuchen in Mund und Nase nicht sein Vater war. Irgend jemand hatte sich geirrt und den falschen Soldaten von der Front geholt.

„Wie lange wird er noch leben?" fragte er den Arzt.

„Nur noch ein paar Stunden. Sie haben es gerade noch geschafft."

Der Soldat dachte an den Sohn des sterbenden Mannes, der, Gott weiß wo, Tausende von Meilen entfernt an der Front war. Er dachte an den alten Mann, der nur in der Hoffnung am Leben geblieben war, daß er seinen Sohn noch einmal sehen würde, ehe er starb. Das bestimmte seinen Entschluß. Er beugte sich vor, ergriff die Hand des alten Mannes und sagte leise:

„Vater, ich bin da. Ich bin zurück."

Der Sterbende umklammerte die hingestreckte Hand; seine leeren Augen öffneten sich und blickten umher; ein zufriedenes Lächeln ging über sein Gesicht und blieb dort, bis er etwa eine Stunde später starb.

Der Vater des Opfers

... aber immer auf eigenes Risiko ...

In einer kleinen Stadt ereignete sich ein Autounfall. Viele Menschen standen um das Opfer herum, und ein Zeitungsreporter konnte nicht nahe genug herankommen, um zu sehen, um wen es sich handelte.

Da kam ihm ein Gedanke. „Ich bin der Vater des Opfers!" rief er. „Bitte, laßt mich durch."

Die Menge machte ihm Platz, so daß er direkt zur Unglücksstelle gelangte. Dort entdeckte er zu seiner Verlegenheit, daß das Opfer ein Esel war.

ERZIEHUNG

Sie denkt, ich bin wirklich

Eine Familie ließ sich zum Essen in einem Restaurant nieder. Die Kellnerin nahm zunächst die Bestellungen der Erwachsenen auf und wandte sich dann dem Siebenjährigen zu.

„Was möchtest du essen?" fragte sie.

Der Junge blickte schüchtern in die Runde und sagte dann: „Ich möchte gern einen Hot Dog."

Noch bevor die Kellnerin die Bestellung aufschreiben konnte, unterbrach die Mutter. „Keine Hot Dogs", sagte sie, „bringen Sie ihm ein Steak mit Kartoffelbrei und Karotten."

Die Kellnerin überhörte sie. „Möchtest du Ketchup oder Senf auf deinem Hot Dog?" fragte sie den Jungen.

„Ketchup."

„In einer Minute bekommst du ihn", sagte die Bedienung und ging zur Küche.

Alle schwiegen fassungslos, als sie weg war. Schließlich sah der Junge die Anwesenden an und sagte: „Wißt ihr was? Sie denkt, ich bin wirklich!"

„Wie geht es Ihren Kindern?"
„Beiden geht es gut, danke."
„Wie alt sind sie?"
„Der Arzt ist drei und der Rechtsanwalt fünf."

Neurotisch

Klein Mary war mit ihrer Mutter am Strand.

„Mammi, darf ich im Sand spielen?"

„Nein, Liebling, da machst du dir nur dein hübsches Kleid schmutzig."

„Darf ich im Wasser waten?"

„Nein, da wirst du bloß naß und erkältest dich."

„Darf ich mit den anderen Kindern spielen?"
„Nein, da finde ich dich nicht wieder."
„Mammi, kauf mir ein Eis."
„Nein, das ist nicht gut für deinen Hals."
Klein Mary begann zu weinen.
Die Mutter wandte sich zu einer Frau in der Nähe und sagte: „Du lieber Himmel! Haben Sie schon einmal so ein neurotisches Kind gesehen!"

Wie man's macht

Ein Mann begann seinem Dobermann große Mengen Lebertran zu geben, weil man ihm gesagt hatte, das Zeug sei gut für Hunde. Jeden Tag pflegte er den Kopf des widerstrebenden Tieres zwischen seinen Knien festzuhalten, seine Schnauze gewaltsam zu öffnen und ihm die Flüssigkeit mit einem Löffel hineinzuschütten.

Eines Tages riß sich der Hund los und spuckte den Lebertran aus. Zum größten Erstaunen seines Herrn begann er dann jedoch, den Löffel abzulecken. So kam der Mann darauf, daß der Hund nichts gegen den Lebertran hatte, sondern gegen die Art der Verabreichung.

Der Mystiker

Eine alte Legende besagt, daß Gott bei der Erschaffung der Welt von vier Engeln angesprochen wurde. Der erste fragte: „Wie machst du das?" Der zweite: „Warum machst du es?" Der dritte: „Kann ich helfen?" Der vierte: „Was ist es wert?"

Der erste war Wissenschaftler; der zweite Philosoph; der dritte Altruist; der vierte Immobilienhändler.

Ein fünfter Engel sah voller Staunen zu und klatschte aus reinem Entzücken Beifall. Das war der Mystiker.

Die richtige Rolle

Klein Johnny wurde getestet, ob er im Schultheater eine Rolle spielen könnte. Seine Mutter wußte, daß er nur zu gerne mitspielen wollte, fürchtete aber, man würde ihn nicht nehmen. An dem Tag, als die Rollen verteilt wurden, stürzte Johnny in die Arme seiner Mutter und platzte beinahe vor Stolz und Aufregung. „Mutter", schrie er, „rate mal! Ich bin ausgesucht worden zum Klatschen und Jubeln."

Aus dem Zeugnis eines Kindes:
„Samuel hat sehr schön beim Chorsingen mitgemacht, indem er auf hervorragende Weise zuhörte."

Lieber Steine sammeln

Einer der wenigen Menschen, die bisher auf dem Mond herumgelaufen sind, erzählt, daß er dort oben seine Empfindungen für das Schöne verdrängen mußte.

Er erinnerte sich, daß er auf die Erde hinuntersah und von dem Anblick hingerissen war. Eine Weile wäre er wie angewurzelt stehengeblieben und hätte nur denken können: „Wie schön ist das!"

Dann habe er schnell diese Stimmung abgeschüttelt und sich gesagt:

„Hör auf, deine Zeit zu vergeuden, und sammle lieber Steine."

Es gibt zwei Arten von Erziehung:
die eine lehrt, den Lebensunterhalt zu verdienen,
die andere lehrt zu leben.

Vergessen, wie man aufhört

Andrew Carnegie, einer der reichsten Männer der Welt, wurde einmal gefragt: „Sie hätten doch wohl zu jeder Zeit aufhören können zu arbeiten, wenn Sie gewollt hätten, denn Sie besaßen immer mehr, als Sie brauchten?"

Er erwiderte: „Ja, das stimmt. Aber ich konnte nicht aufhören. Ich hatte vergessen, wie man das macht."

Viele fürchten,
wenn sie erst einmal innehielten,
um staunend einem Gedanken nachzuhängen,
nicht mehr in Gang zu kommen.

Verpaßte Gelegenheit

Der alte Mann hatte den größten Teil seines Lebens auf einer Insel verbracht, die als eine der schönsten der Welt galten. Nun war er zurückgekommen, um nach seiner Pensionierung in der Großstadt zu leben. Jemand sagte zu ihm: „Es muß herrlich gewesen sein, so viele Jahre auf einer Insel zu leben, die zu den Wundern dieser Welt gezählt wird."

Der alte Mann dachte ein wenig nach und sagte dann: „Um ehrlich zu sein, wenn ich gewußt hätte, daß sie so berühmt ist, hätte ich sie mir angesehen."

Menschen sind zum Sehen geboren und brauchen es nicht zu lernen.
Sie sollten nur vor Lehren geschützt werden, die sie blind machen.

Weg mit den Kindern

In den frühen fünfziger Jahren des 19. Jahrhunderts verbrachte der amerikanische Maler James McNeill Whistler eine kurze – und akademisch betrachtet erfolglose – Zeit in West Point, der amerikanischen Militärakademie. Es wird erzählt, er hätte eine Brücke zeichnen sollen und habe daraufhin eine romantische steinerne Brücke mit grasbewachsenen Böschungen und zwei kleinen Kindern, die von dort oben fischten, entworfen. Der Ausbilder sagte: „Nehmen Sie die Kinder von der Brücke, es geht hier um eine Übung für Ingenieure."

Whistler verbannte die Kinder von der Brücke und zeichnete sie auf der Böschung ein. Dann legte er die Skizze erneut vor. Der wütende Ausbilder schrie: „Ich habe Ihnen doch gesagt, Sie sollen diese Kinder entfernen! Lassen Sie sie ganz aus dem Bild heraus!"

Aber der schöpferische Drang in Whistler war zu stark. Auf seiner nächsten Version waren die Kinder „ganz aus dem Bild heraus". Sie lagen begraben unter zwei kleinen Grabsteinen am Flußufer.

Das Handwerk gelernt

Als der Sohn eines Einbrechers merkte, daß sein Vater alt wurde, sagte er: „Vater, lehre mich dein Handwerk, damit ich die Familientradition fortsetzen kann, wenn du in den Ruhestand trittst."

Der Vater antwortete nicht, nahm aber in der Nacht den Jungen mit, als er in ein Haus einbrach. Als sie drinnen waren, öffnete er einen Wandschrank und ließ seinen Sohn nachgucken, was sich im Schrank befand. Sobald der Junge drin war, schlug der Vater die Tür zu, verriegelte sie und machte dabei einen solchen Lärm, daß das ganze Haus aufwachte. Dann schlich er sich still davon.

Der eingeschlossene Junge war erschrocken und wütend und zerbrach sich den Kopf, wie er herauskommen könnte. Dann hatte er eine Idee. Er ahmte den Laut einer Katze nach, darauf entzündete ein Diener eine Kerze und öffnete den Schrank, um die Katze herauszulassen. Im gleichen Augenblick sprang der Junge heraus, und alle rannten hinter ihm her. Da sah er neben der Straße einen Brunnen, ergriff einen großen Stein, warf ihn hinein und versteckte sich im Dunkeln. Dann schlich er sich davon, während seine Verfolger in die Tiefe des Brunnens starrten in der Hoffnung, daß der Einbrecher dort ertrunken war.

Zu Hause angekommen, vergaß der Junge seinen Ärger vor lauter Eifer, seine Geschichte zu erzählen. Aber sein Vater sagte: „Wozu die Geschichte? Du bist hier. Das genügt. Du hast das Handwerk gelernt."

Erziehung sollte keine Vorbereitung auf das Leben sein, sondern das Leben selbst.

Guter Rat

Eine Gruppe College-Studenten bat den Schriftsteller Sinclair Lewis, ihnen eine Vorlesung zu halten, indem sie darauf hinwiesen, daß auch sie Schriftsteller werden wollten.

Lewis begann: „Wie viele von Ihnen wollen wirklich Schriftsteller werden?" Alle Hände gingen hoch.

„In diesem Fall hat es keinen Sinn, zu Ihnen zu sprechen. Der Rat, den ich Ihnen gebe, ist: Gehen Sie nach Hause, und schreiben Sie, schreiben, schreiben ..."

Mit diesen Worten steckte er seine Notizen in die Tasche und ging hinaus.

Den Verstand gebrauchen

Mit Hilfe einer Gebrauchsanweisung versuchte eine Frau stundenlang, ein kompliziertes Gerät, das sie gekauft hatte, zusammenzusetzen. Schließlich gab sie auf und ließ die einzelnen Teile verstreut auf dem Küchentisch liegen.

Als sie einige Stunden später nach Hause kam, stellte sie erstaunt fest, daß das Hausmädchen die Maschine zusammengebaut hatte. Die Maschine funktionierte perfekt.

„Wie haben Sie das nur fertiggebracht?" rief sie erstaunt.

„Ach, gnädige Frau, wenn man nicht lesen kann, muß man eben seinen Verstand gebrauchen", war die gelassene Antwort.

Lieber lernen oder lehren?

Ein Mann, der siebenundvierzig Jahre Reporter und Chefredakteur gewesen war, hatte sich aus dem Berufsleben zurückgezogen. Er rief die zuständige Unterrichtsbehörde an und sagte, nachdem er seinen Hintergrund und seine journalistische Tätigkeit geschildert hatte, daß er gerne an der Alphabetisierungskampagne der Stadt teilnehmen würde.

Zunächst Stille. Dann sagte jemand auf der anderen Seite: „Eine gute Idee. Aber möchten Sie lieber lehren oder lernen?"

Weises Urteil

Drei Jungen, die beschuldigt wurden, Wassermelonen gestohlen zu haben, wurden vor Gericht gebracht und schauten in schlimmer Erwartung unruhig auf den Richter, der als strenger Mann bekannt war.

Doch war er auch ein kluger Pädagoge. Er klopfte mit seinem Hammer auf den Tisch und sagte: „Jeder hier Anwesende, der als Junge nie eine Wassermelone gestohlen hat, möge bitte die Hand heben." Er wartete. Die Gerichtsbeamten, die Polizisten, die Zuschauer und der Richter selbst ließen ihre Hände vor sich auf den Bänken liegen.

Nachdem er sich überzeugt hatte, daß sich nicht eine einzige Hand erhoben hatte, sagte der Richter: „Fall abgewiesen."

So weit, wie wir konnten

Eine religiös eingestellte Frau beklagte das Verhalten der jungen Generation. „Die Autos sind daran schuld. Denken Sie nur, wie weit die jungen Leute heute zum Tanz oder zu einer Verabredung gehen können. Zu unserer Zeit war das anders, nicht wahr, Großmutter?"

Siebenundachtzigjährige Dame: „Ach, wir gingen sicherlich so weit, wie wir konnten."

Nimm zwei!

Mutter: „Bist du dir im klaren, daß Gott anwesend war, als du den Keks in der Küche geklaut hast?"

„Ja."

„Und daß er dich die ganze Zeit über angeschaut hat?"

„Ja."

„Und was, meinst du, hat er zu dir gesagt?"

„Er sagte: Niemand ist hier außer uns beiden – nimm zwei."

Ganz der Vater

Als der junge Rabbi seinem Vater nachfolgte, fing jeder davon an, wie ganz anders er sei.

„Im Gegenteil", antwortete der junge Mann, „ich bin genau wie mein alter Herr. Er ahmte niemanden nach. Ich ahme niemanden nach."

Sei du selbst!
Hüte dich, das Verhalten der Großen nachzuahmen,
wenn du nicht die innere Einstellung hast,
die ihr Handeln inspirierte.

Wie der König

Als Händels „Messias" zum erstenmal in London aufgeführt wurde, überwältigten den anwesenden König beim Gesang des „Halleluja" tiefe religiöse Gefühle, so daß er gegen alle Konvention in schweigender Ehrfurcht vor dem Meisterwerk aufstand.

Als die anwesenden Adligen das sahen, folgten sie dem Beispiel des Königs und standen auch auf. Das war selbstverständlich das Zeichen für alle anderen Zuhörer, ebenfalls aufzustehen!

Seitdem gilt es als unerläßlich, aufzustehen, wenn das „Halleluja" gesungen wird, ungeachtet der eigenen Einstellung dazu oder der Qualität der Aufführung.

Der Papagei hat Husten

Ein alter Seemann gab das Rauchen auf, als sein Lieblingspapagei einen Dauerhusten entwickelte. Er machte sich Vorwürfe, daß der Pfeifenqualm im Zimmer die Gesundheit des Papageis geschädigt hatte.

Er ging mit dem Vogel zum Tierarzt.

Nach einer gründlichen Untersuchung erklärte der Veterinär, der Papagei leide weder an Psittacose noch an einer Lungenentzündung, sondern habe ganz einfach den Husten seines pfeiferauchenden Herrchens nachgeahmt.

Auf der falschen Seite

Onkel Joe war übers Wochenende zu Besuch gekommen. Klein Jimmy war überglücklich, daß sein großer Held sein Zimmer und sein Bett teilen würde.

Kaum war das Licht gelöscht, fiel Jimmy etwas ein. „O je", rief er, „beinahe hätte ich was vergessen."

Er sprang aus dem Bett und kniete sich daneben hin. Da er dem Bürschlein kein schlechtes Beispiel geben wollte, hievte sich Onkel Joe auch aus dem Bett und kniete auf der anderen Seite nieder.

„Du", flüsterte Jimmy erschrocken. „Wenn Mama das morgen sieht, bist du dran! Der Nachttopf ist auf dieser Seite."

Großvaters Anzüge

Ich meine, du solltest dich etwas mehr danach kleiden, wie es deiner Stellung entspricht. Es ist mir peinlich, daß du dich so gehen läßt und so schäbig aussiehst."

„Aber ich sehe doch nicht schäbig aus."

„Doch, das tust du. Nimm deinen Großvater. Er war immer elegant angezogen. Seine Anzüge waren teuer und von einem guten Schneider."

„Jetzt verstehe ich dich wirklich nicht mehr! Ich trage doch Großvaters Anzüge."

Philosophie

Ein Philosoph, der nur ein Paar Schuhe besaß, bat den Schuster, sie auszubessern, während er warten würde. „Es ist Geschäftsschluß", sagte der Schuster, „ich kann sie jetzt nicht mehr reparieren. Können Sie die Schuhe nicht morgen abholen?"

„Ich habe nur ein Paar Schuhe, und ohne Schuhe kann ich nicht laufen."

„Also gut, ich werde Ihnen für einen Tag ein Paar gebrauchte Schuhe leihen."

„Was? Ich soll Schuhe von einem anderen tragen? Wofür halten Sie mich?"

„Was haben Sie gegen fremde Schuhe an Ihren Füßen? Es macht Ihnen ja auch nichts aus, anderer Leute Gedanken in Ihrem Kopf zu haben?"

Amt oder Stand

Der amerikanische Präsident William Howard Taft saß eines Abends beim Essen, als sein jüngster Sohn eine respektlose Bemerkung über seinen Vater machte.

Alle waren entsetzt über die Unverfrorenheit des Jungen. Ein verlegenes Schweigen breitete sich im Zimmer aus.

Mrs. Taft fragte: „Willst du ihn nicht bestrafen?"

„Wenn die Bemerkung an mich als seinen Vater gerichtet ist, dann wird er bestimmt bestraft werden", sagte Taft. „Wenn er sie allerdings gegenüber dem Präsidenten der Vereinigten Staaten machte, dann ist das sein verfassungsmäßiges Recht."

Das gefährliche Mantra

Ein Guru gab einer Gruppe junger Schüler Unterricht. Sie baten den heiligen Mann, ihnen das heilige Mantra zu enthüllen, durch das Tote wieder lebendig werden.

„Was würdet ihr mit einer solch gefährlichen Sache anfangen?" fragte der Guru.

„Nichts. Es würde nur unseren Glauben stärken", erwiderten sie.

„Vorzeitiges Wissen ist gefährlich, meine Kinder", sagte der alte Mann.

„Wann ist Wissen verfrüht?" fragten sie.

„Wenn es jemandem Macht verleiht, der noch nicht die Weisheit hat, sie zu gebrauchen."

Die Schüler blieben jedoch hartnäckig, bis ihnen der heilige Mann wider besseres Wissen das heilige Mantra flüsternd preisgab, sie aber inständig und wiederholt bat, es nur mit äußerster Vorsicht zu gebrauchen.

Nicht lange danach gingen die jungen Männer an einem verlassenen Platz vorbei und sahen dort einen Haufen gebleichter Knochen liegen. Aus einer mutwilligen Laune heraus, wie sie sich oft in einer Gruppe entwickelt, beschlossen sie, das Mantra auszuprobieren, obwohl es eigentlich nur nach längerer Meditation gebraucht werden sollte.

Kaum hatten sie die magischen Worte gesprochen, setzten die Knochen Fleisch an und verwandelten sich in hungrige Wölfe, die sie in wilder Jagd verfolgten und in Stücke rissen.

Soyen Shaku schläft ein

Im Alter von 61 Jahren verließ der Meister Soyen Shaku diese Welt, aber zuvor erfüllte er die ihm übertragene Aufgabe, indem er der Nachwelt eine reichhaltigere und weisere Lehre, als es jene der meisten Zen-Meister waren, hinterließ. Es hieß, seine Schüler schliefen manchmal nach dem Mittagessen ein, überwältigt von sommerlicher Trägheit. Obwohl er selbst nie eine Minute vergeudete, verlor Soyen kein Wort über diese Schwäche seiner Schüler.

Als er selbst zwölf Jahre alt war, studierte er schon die philosophischen Lehrsätze der Tendai-Schule. An einem Sommertag war die Hitze so drückend, daß der kleine Soyen, wohl wissend, daß sein Lehrer nicht da war, sich hinlegte und in einen tiefen dreistündigen Schlaf fiel. Er fuhr erst auf, als er den Meister eintreten hörte; aber es war zu spät. Da lag er, hingestreckt, mitten im Eingang.

„Entschuldige, bitte entschuldige", flüsterte sein Lehrer und stieg ehrfürchtig über Soyens ausgestreckten Körper, als ob es sich um einen vornehmen Gast handelte. Danach schlief Soyen nie mehr am Tage ein.

Wer zuerst kommt

Ein kleiner Junge rannte die Straße entlang und stieß, als er um die Ecke bog, mit einem Mann zusammen. „Du meine Güte", sagte dieser, „wohin rennst du denn so eilig?"

„Nach Hause", sagte der Junge, „und ich hab's eilig, weil meine Mutter mich verhauen wird."

„Möchtest du so gerne verhauen werden, daß du deswegen nach Hause läufst?" fragte der Fremde erstaunt.

„Nein, aber wenn mein Vater vor mir nach Hause kommt, dann haut er!"

Kinder sind Spiegel.
Wenn sie von Liebe umgeben sind,
spiegeln sie diese wider.
Wenn die Liebe fehlt, können sie nichts ausstrahlen.

Vorbeugen ist besser

Nasrudin gab einem Jungen ein Gefäß und bat ihn, Wasser aus dem Brunnen zu holen. Ehe der Junge jedoch hinausging, kniff er ihn ins Ohr und sagte: „Wehe, wenn du es fallen läßt!"

Ein Passant sagte: „Wie könnt Ihr ein armes Kind schlagen, ehe es irgend etwas verbrochen hat?"

Daraufhin sagte Nasrudin: „Ihr würdet es wohl lieber sehen, wenn ich ihn schlage, *nachdem* er das Gefäß zerbrochen hat und das Wasser verschüttet ist? Wenn ich ihm vorher eine runterhaue, denkt er daran, und Wasser und Topf sind gerettet."

Gewußt wie

Ein verzweifeltes Elternpaar bat dringend um den Besuch eines Kinderpsychologen, weil sie nicht mit ihrem kleinen Jungen fertig wurden, der auf dem Schaukelpferd eines Nachbarkindes saß und sich weigerte, herunterzusteigen. Er hatte zu Hause drei eigene Schaukelpferde, bestand aber unnachgiebig auf *diesem.* Versuche, ihn herunterzuheben, führten zu einem solchen Geheule und Geschrei, daß man ihn schnell wieder auf das Pferd setzte.

Der Psychologe regelte zunächst die Angelegenheit seines Honorars, begab sich dann zu dem Kind, fuhr ihm liebevoll durchs Haar, beugte sich hinunter und flüsterte ihm lächelnd ins Ohr. Sofort stieg der Junge vom Pferd und ging artig mit seinen Eltern nach Hause.

„Welche Zauberformel haben Sie bei dem Kind angewandt?" fragten die erstaunten Eltern.

Der Psychologe steckte sein Honorar ein und sagte dann: „Ganz einfach. Ich beugte mich zu ihm und sagte: ,Wenn du nicht sofort von dem Pferd herunterkommst, werde ich dich so verprügeln, daß du eine Woche nicht mehr sitzen kannst. Ich werde dafür bezahlt, es ist also nicht bloß Gerede.'"

Ehe man ein Kind straft, sollte man sich fragen,
ob man nicht selbst die Unart ausgelöst hat.

Klares Argument

Eltern: „Wie kommt es, daß Johnnys Noten in der Schule immer besser sind als deine, obgleich er jünger ist als du?"

Siebenjähriger: „Weil Johnnys Eltern klug sind."

Kinder von heute

Ein Mann wollte bei seinen Kindern die Liebe zur Musik pflegen, also kaufte er ihnen ein Klavier. Als er nach Hause kam, standen sie um das Instrument und betrachteten es staunend. Sie fragten ihn: „Wie schließt man es an?"

Ein kleiner Junge war zum erstenmal im Leben aus der Großstadt in ein Dorf gekommen. Er stand auf dem Bürgersteig, als ein alter Mann in einem Pferdewagen vorfuhr und in einen Laden ging. Der Junge starrte verwundert auf das Pferd, ein Tier, das er noch nie gesehen hatte. Als der alte Mann den Laden verließ und wegfahren wollte, sagte der Junge: „Hallo, Mister, vielleicht sollte ich Sie darauf aufmerksam machen, daß gerade Benzin ausgelaufen ist."

Ein kleines Mädchen steht mit einer Bananenschale in der Hand vor einem Obstladen. „Was möchtest du, Kleine?" fragte der Verkäufer.

„Eine Nachfüllung", lautet die Antwort.

Das wirkliche Ziel

Von einem Meister an der Schule für Bogenschießen wußte man, daß er auch ein Meister des Lebens war. Eines Tages traf sein begabtester Schüler bei einem Wettkampf dreimal hintereinander ins Schwarze. Schüler und Meister wurden mit Glückwünschen überschüttet.

Der Meister schien jedoch wenig beeindruckt, eher sogar kritisch zu sein.

Als der Schüler ihn später nach dem Grund fragte, sagte er: „Du mußt noch lernen, daß die Zielscheibe nicht das Ziel ist."

„Was *ist* das Ziel?" wollte der Schüler wissen.

Aber der Meister wollte es nicht sagen. Der Schüler würde es selbst eines Tages lernen müssen, denn in Worten konnte man es nicht vermitteln.

Eines Tages fand er heraus,
daß nicht Leistung das Ziel war,
sondern eine innere Haltung,
nicht der Schuß ins Schwarze,
sondern das Verschwinden des Ego.

Wer viel fragt

Ein Lehrer lernte auf mühevolle Weise, ein kluger und mitfühlender Erzieher zu werden, indem er nämlich selbst viele Fehler machte. Hier ist einer davon:

Er war Direktor einer Schule, als ein Junge zu ihm kam und sagte, er wollte auf eine andere Schule wechseln.

„Warum, mein Junge? Was klappt nicht? Warum bist du unglücklich? Deine Noten sind doch gut."

„Es ist alles in Ordnung, Sir. Ich möchte eben weg."

„Sind es die Lehrer? Gibt es einen, den du nicht leiden kannst?"

„Nein, Sir, es liegt nicht an den Lehrern."

„Sind es die anderen Schüler? Hast du dich mit einem gestritten?"

„Nein, nichts dergleichen."

„Ist es das Schulgeld? Ist es zu hoch?"

„Nein, Sir, das ist es auch nicht."

Der Direktor machte dann eine lange Pause im Vertrauen darauf, daß sein Schweigen den Jungen zum Sprechen bringen würde. Plötzlich wischte sich der Junge Tränen aus den Augen. Der Direktor wußte, daß er gewonnen hatte. In seinem sanftesten, verständnisvollsten Ton sagte er: „Du weinst, weil dich etwas quält, nicht wahr?"

Der Junge nickte.

„Also, dann sag mir, warum du weinst."

Der Junge blickte dem Direktor fest in die Augen und sagte: „Weil Sie mir diese vielen Fragen stellen."

Einer allein reicht

Es ging um die Frage, eine Besserungsanstalt für Jungen zu eröffnen. Dazu wurde ein bekannter Erziehungswissenschaftler um Rat gebeten. Er trat leidenschaftlich für humane Erziehungsmethoden in der Besserungsanstalt ein und beschwor die Gründer, keine Kosten zu sparen, um die einsichtigsten und kompetentesten Pädagogen zu bekommen.

Er schloß mit den Worten: „Wenn nur ein einziger Junge dadurch vor moralischer Verderbtheit gerettet wird, rechtfertigt das alle Kosten und alle Arbeit, die in eine solche Einrichtung investiert werden."

Später sagte ihm ein Mitglied der Aufsichtsbehörde: „Haben Sie da nicht ein bißchen übertrieben? Wären wirklich alle Kosten und alle Arbeit gerechtfertigt, wenn wir nur einen einzigen Jungen retten könnten?"

„Wenn es mein Junge wäre, ja!" lautete die Antwort.

AUTORITÄT

Endlich verstanden

Eine Geschichte von Ramakrishna, dem Mystiker aus Kalkutta

Es war einmal ein König, der sich jeden Tag von einem Priester aus den Bhagavadgita vorlesen ließ. Dieser pflegte dann den Text zu erklären und sagte: „Mein König, habt Ihr verstanden, was ich gesagt habe?"

Und jeden Tag antwortete der König weder ja noch nein. Er sagte nur: „Du solltest es zunächst einmal selbst verstehen."

Den armen Priester betrübte diese Antwort, denn er hatte die tägliche Lektion für den König stundenlang vorbereitet und wußte, daß seine Erklärung anschaulich und klar war.

Doch war der Priester ein ernsthafter Sucher der Wahrheit. Als er eines Tages meditierte, erkannte er plötzlich das trügerische Wesen – die relative Wirklichkeit – aller Dinge, von Haus, Familie, Reichtum, Freundschaft, Ehre, Ansehen und allem übrigen. Er sah dies alles so klar, daß jeglicher Wunsch danach in seinem Herzen erstarb. So beschloß er, fortzugehen und das Leben eines wandernden Asketen zu führen.

Ehe er ging, schickte er dem König eine Botschaft: „Mein König! Endlich habe ich verstanden."

Das ist zu heilen

Die Frau war stark erkältet und keines der Mittel, die der Arzt verschrieb, schien ihr Erleichterung zu bringen.

„Können Sie mir denn gar nicht helfen, Herr Doktor?" fragte sie frustriert.

„Ich mache Ihnen einen Vorschlag", sagte der Arzt.

„Gehen Sie nach Hause, nehmen Sie eine heiße Dusche, und stellen Sie sich dann, ehe Sie sich abtrocknen, splitternackt in die Zugluft."

„Und das soll mir helfen?" fragte sie erstaunt.

„Nein, aber Sie werden davon eine Lungenentzündung bekommen, und die kann ich heilen."

Glück gehabt!

Haben Sie je daran gedacht, daß Ihr Guru Ihnen vielleicht die Heilung von einer Krankheit versprechen könnte, die er selbst verursacht hat?

Gott sei Dank hatten wir ein Maultier zum Picknick mitgenommen, denn als ein Junge sich verletzte, konnten wir ihn auf dem Maultier zurücktransportieren."

„Wie verletzte er sich?"

„Das Maultier versetzte ihm einen Tritt."

Der richtige Arzt

Könnten Sie mir einen guten Arzt empfehlen?"

„Ich würde Dr. Chung vorschlagen. Er rettete mir das Leben."

„Wie ging das zu?"

„Ich war sehr krank und ging zu Dr. Ching. Ich nahm seine Medizin, und es ging mir noch schlechter. Dann ging ich zu Dr. Chang. Ich nahm seine Medizin und meinte, sterben zu müssen. Schließlich ging ich also zu Dr. Chung – und der war nicht da."

Der Arzt weiß es besser

Autoritätsglaube gefährdet die eigene Wahrnehmung

Der Arzt beugte sich über die leblose Gestalt im Bett. Dann richtete er sich auf und sagte: „Es tut mir leid, aber ich muß Ihnen sagen, Ihr Mann lebt nicht mehr, meine Liebe."

Von der leblosen Gestalt im Bett kam ein schwacher Protest: „Doch, ich lebe noch."

„Halt den Mund", sagte die Frau, „der Arzt weiß das besser als du."

Wem glauben?

Ein Nachbar kam zu Nasrudin und wollte sich dessen Esel borgen.

„Ich habe ihn ausgeliehen", sagte Nasrudin.

In diesem Augenblick begann das Tier im Stall zu schreien.

„Aber ich höre ihn schreien", sagte der Nachbar.

„Wem glaubst du mehr, dem Esel oder mir?"

Zeitverschwendung

Der Kronprinz war ein Trottel. Daher stellte ihm der König einen besonderen Lehrer zur Seite. Die Stunden begannen mit einer behutsamen Erklärung von Euklids erstem Lehrsatz.

„Ist das klargeworden, Königliche Hoheit?" fragte der Tutor.

„Nein", sagte Seine Königliche Hoheit.

Also erklärte der Tutor den Lehrsatz geduldig ein zweites Mal.

„Ist es nun klar?"

„Nein", sagte der Prinz.

Noch einmal begann der Lehrer mit seinen Erklärungen des Lehrsatzes – ohne Erfolg. Als der königliche Dummkopf auch nach dem zehnten Mal den Lehrsatz nicht begriff, brach der arme Tutor in Tränen aus. „Glauben Sie mir, Königliche Hoheit", sagte er, „dieser Lehrsatz stimmt, und so, wie ich es erklärt habe, wird er bewiesen."

Bei diesen Worten stand der Prinz auf und sagte mit einer feierlichen Verbeugung: „Verehrter Lehrer, ich habe volles Vertrauen zu dem, was Sie sagen. Wenn Sie mir also versichern, daß der Lehrsatz richtig ist, akzeptiere ich das voll und ganz. Ich bedaure nur, daß Sie mir diese Versicherung nicht schon früher gaben, dann hätten wir ohne Zeitverschwendung zu dem zweiten Lehrsatz übergehen können."

Sagt man zu einem Könner:
„Ich bin dumm, bitte denk für mich",
ist es, als wolle man sagen:
„Ich bin durstig, bitte, trink für mich."

Halt dich an mich

Buddha sagt: „Mönche und Gelehrte sollten meine Worte nicht aus einem bloßen Gefühl der Verehrung akzeptieren, sondern sollten sie analysieren, wie ein Goldschmied Gold untersucht, indem er es schneidet, schmilzt, daran kratzt und es reibt."

Ein großer Mann zu einem kleinen Jungen, der im Kino hinter ihm sitzt: „Kannst du die Leinwand sehen, Kleiner?"

„Nein."

„Macht nichts. Blick nur auf mich, und lache jedesmal, wenn ich lache."

Wann wird der Krieg zu Ende sein?

Marschall Ferdinand Foch war Oberbefehlshaber der Alliierten Streitkräfte im Ersten Weltkrieg. Sein Chauffeur Pierre wurde unentwegt von Zeitungsreportern belagert, die von ihm zu erfahren hofften, welche Gedanken den Marschall bewegten. Ständig fragten sie ihn, wann der Krieg zu Ende sein würde. Aber Pierre wollte nie etwas sagen.

Eines Tages wurden sie Pierres gerade habhaft, als dieser das Hauptquartier verließ. Als sie ihn umringten, sagte der Chauffeur:

„Heute hat der Marschall gesprochen."

„Was hat er gesagt?" fragten sie eifrig.

„Er sagte: ‚Pierre, was glaubst du? Wann wird der Krieg zu Ende sein?'"

Zensur

Die Tochter eines Geistlichen fragte ihren Vater, woher er die Gedanken für seine Predigten bekäme. „Von Gott", erwiderte er.

„Warum streichst du dann ganze Passagen aus?" fragte das Mädchen.

Warum?

Marconi, ein Genie auf dem Gebiet der drahtlosen Telegraphie, saß die ganze Nacht mit einem Freund in seinem Labor, um die komplizierten Probleme dieser Materie zu diskutieren.

Als sie das Labor verließen, sagte Marconi plötzlich: „Mein ganzes Leben habe ich diese Materie studiert, aber da ist eine Sache, die ich an der drahtlosen Funkübertragung einfach nicht verstehe."

„*Du* verstehst etwas nicht, wenn es um Funk geht!" sagte der erstaunte Freund. „Was kann das sein?"

Sagte Marconi: „Warum funktioniert es?"

Irrtum

Vor vielen Jahren besuchte ein Bischof von der Ostküste der Vereinigten Staaten ein kleines religiöses College an der Westküste. Er wohnte in dem Haus des College-Präsidenten, der ein progressiver junger Mann war, Professor für Physik und Chemie.

Eines Tages lud der Präsident seine Fakultätskollegen zum Essen mit dem Bischof ein, damit sie von seiner Weisheit und Erfahrung profitieren konnten. Nach dem Essen kam das Gespräch auf das Millennium, und der Bischof behauptete, es würde nicht mehr lange auf sich warten lassen. Einer der Gründe dafür sei die Tatsache, daß in der Natur alles entdeckt und alle nur denkbaren Erfindungen gemacht worden seien.

Der Präsident widersprach höflich. Seiner Meinung nach, sagte er, befände sich die Menschheit auf der Schwelle zu großartigen neuen Entdeckungen. Der Bischof forderte den Präsidenten auf, eine solche zu benennen. Dieser sagte, er erwarte, daß die Menschen in den nächsten fünfzig Jahren fliegen lernen würden.

Der Bischof bekam einen Lachanfall. „Unsinn, mein Lieber", rief er, „wenn Gott vorgesehen hätte, daß wir fliegen sollen, hätte ER uns mit Flügeln versehen. Fliegen ist den Vögeln und Engeln vorbehalten."

Der Bischof hieß Wright. Er hatte zwei Söhne, Orville und Wilbur. Sie erfanden das erste Flugzeug.

Die Ausnahme

Ein junger Wissenschaftler prahlte vor einem Guru mit den Errungenschaften moderner Wissenschaft.
„Wir können fliegen genau wie die Vögel", sagte er. „Wir können das tun, was Vögel tun."

„Außer auf einem Stacheldrahtzaun sitzen", sagte der Guru.

Diagnose

Der Arzt untersuchte den Patienten sorgfältig: „Sie haben Lungenentzündung gehabt. Sind Sie nicht eine Art Musiker?"

„Ja", sagte der Mann erstaunt.

„Und Sie spielen ein Blasinstrument?"

„Das ist richtig. Woher wußten Sie das?"

„Elementarwissen, mein Lieber. Sie haben eine deutliche Überbeanspruchung der Lungen, und die Luftröhre ist entzündet, zweifellos wegen des starken Drucks. Sagen Sie, welches Instrument spielen Sie?"

„Akkordeon."

Geburtstagsüberraschung

Der Gemeindepfarrer hatte Geburtstag, und die Kinder kamen mit Glückwünschen und Geschenken. Der Pfarrer nahm das in Geschenkpapier eingehüllte Päckchen von der kleinen Mary und sagte: „Oh, ich sehe, du hast mir ein Buch geschenkt." (Marys Vater hatte in der Stadt eine Buchhandlung.)

„Ja, woher wissen Sie das?"

„Der Herr Pfarrer weiß immer Bescheid."

„Und du, Tommy, du hast mir einen Pullover gebracht", sagte der Pfarrer und ergriff das Päckchen, das Tommy ihm hinhielt. (Tommys Vater hatte ein Wollwarengeschäft.)

„Das stimmt. Woher wußten Sie das?"

„Nun ja, der Herr Pfarrer weiß immer Bescheid."

So ging es weiter, bis der Pfarrer Bobbys Schachtel ergriff. Das Einwickelpapier war feucht (Bobbys Vater verkaufte Weine und Spirituosen), deshalb sagte der Pfarrer: „Ich sehe, du hast mir eine Flasche Whisky gebracht, und etwas ist ausgelaufen." – „Falsch", sagte Bobby, „es ist kein Whisky." – „Nun, dann ist es eine Flasche Rum." – „Wieder falsch." Fathers Finger waren feucht. Er steckte einen in den Mund, aber das half ihm auch nicht weiter. „Ist es Gin?" – „Nein", sagte Bobby, „ich habe Ihnen einen kleinen Hund gebracht."

Adler oder Huhn?

Durch eine Verkettung von Umständen gelangte das Ei eines Adlers in ein Nest im hintersten Winkel einer Scheune, in dem eine Henne auf ihren Eiern brütete. Als es soweit war, schlüpfte der kleine Adler mit den anderen Küken aus.

Die Zeit verging, und der kleine Vogel begann auf unerklärliche Weise sich danach zu sehnen, fliegen zu können. Also sagte er zu seiner Mutter, der Henne: „Wann werde ich fliegen lernen?"

Der armen Henne war durchaus bewußt, daß sie nicht fliegen konnte und auch nicht die geringste Ahnung hatte, was andere Vögel taten, um ihre Jungen die Kunst des Fliegens zu lehren. Aber sie genierte sich, diese Unzulänglichkeit zuzugeben, und sagte daher: „Noch nicht, Kind, noch nicht. Ich werde es dir beibringen, wenn du soweit bist."

Monate vergingen, und der junge Adler begann zu argwöhnen, daß seine Mutter nicht fliegen konnte. Aber er brachte es nicht fertig, auszubrechen und auf eigene Faust loszufliegen, denn seine Sehnsucht zu fliegen war in Konflikt geraten mit der Dankbarkeit, die er gegenüber dem Vogel, der ihn ausgebrütet hatte, empfand.

Geheilter Schmerz

Der Kalif ernannte Nasrudin zum höchsten Ratgeber an seinem Hof, weil er positive Berichte über ihn gehört hatte. Nasrudins Autorität beruhte also nicht auf Kompetenz, sondern auf der Protektion durch den Kalifen, wodurch er für alle Ratsuchenden eine Gefährdung darstellte, wie der folgende Fall zeigte:

„Nasrudin, Ihr seid ein Mann von Erfahrung", sagte ein Höfling. „Wißt Ihr, wie man schmerzende Augen heilt? Meine tun mir sehr weh."

„Ich will Euch von meiner eigenen Erfahrung sprechen", sagte Nasrudin. „Ich hatte einmal Zahnschmerzen, und es wurde nicht besser, bis der Zahn gezogen war."

Einen anderen Arzt

Der Arzt befand, die Zeit sei gekommen, seinem Patienten die Wahrheit zu sagen. „Ich glaube, ich muß Ihnen mitteilen, daß Sie sehr krank sind und wahrscheinlich nur noch zwei Tage leben werden. Vielleicht wollen Sie Ihre Angelegenheiten ordnen. Möchten Sie irgend jemanden sprechen?"

„Ja", kam mit schwacher Stimme die Antwort.

„Und wen?" fragte der Arzt.

„Einen anderen Arzt."

Schon berühmt

Ein junger Schriftsteller erklärte einmal Mark Twain, daß er das Vertrauen in seine Fähigkeit zu schreiben verliere. „Hatten Sie je auch dieses Gefühl?" fragte er.

„Ja", sagte Mark Twain, „damals, als ich schon beinahe fünfzehn Jahre lang geschrieben hatte, überfiel mich plötzlich der Gedanke, daß ich nicht das geringste Talent dazu besaß."

„Was haben Sie da gemacht? Das Schreiben aufgegeben?"

„Wie konnte ich das? Damals war ich schon berühmt."

Wer war das?

Ein reicher Mann beschloß, sich einen lebenslangen Traum zu erfüllen, nämlich ein Orchester zu dirigieren. Also mietete er einen Schlagzeuger, drei Saxophonisten und vierundzwanzig Geiger. Bei der ersten Probe dirigierte er so schlecht, daß der Schlagzeuger die anderen Musiker aufforderte, gemeinsam die Probe zu verlassen.

Aber einer der Saxophonisten sagte: „Warum sollen wir

gehen? Er bezahlt uns gut. Und außerdem muß er doch irgend etwas von Musik verstehen."

Bei der nächsten Probe konnte der Dirigent nicht Takt halten. Daraufhin begann der Schlagzeuger wie wild die Trommel zu schlagen. Der Dirigent klopfte ab, blickte die Musiker wütend an und fragte: „Wer war das?"

Das schaffe ich auch

Ein Freund wandte sich an den Manager eines Orchesters und sagte ihm, daß er gerne eine Stellung in diesem Orchester hätte.

Sagte der Manager: „Ich hatte keine Ahnung, daß du ein Instrument spielen kannst."

„Das kann ich auch nicht", lautete die Antwort. „Aber ich habe bemerkt, daß du da einen Mann im Orchester hast, der nichts anderes tut, als einen Stock herumzuschwenken, während die anderen spielen. Ich denke, daß ich das auch schaffen könnte."

Größe

Um einem Beamten einen Gefallen zu tun, unterschrieb Abraham Lincoln einmal einen Befehl, durch den einige Regimenter versetzt wurden. Der Kriegsminister Stanton war überzeugt, daß der Präsident einen schwerwiegenden Fehler gemacht hatte, und weigerte sich, den Befehl auszuführen. Sicherheitshalber fügte er noch hinzu: „Lincoln ist ein Dummkopf."

Als Lincoln das erfuhr, sagte er: „Wenn Stanton sagt, ich sei ein Dummkopf, dann muß ich wohl einer sein, denn er hat fast immer recht. Am besten gehe ich mal hin und überzeuge mich selbst."

Und genau das tat er. Stanton überzeugte ihn, daß der

Befehl falsch war, und Lincoln widerrief ihn. Es war bekannt, daß Lincolns Größe u. a. darin bestand, wie er Kritik aufnahm.

Ohne Rangunterschied

Ein Rekrut wurde als Wachmann eingeteilt, um die Einfahrt zu dem Militärlager zu bewachen, mit dem strikten Befehl, keinen Wagen passieren zu lassen, der nicht einen besonderen Wimpel trug.

Es geschah nun, daß er einen Wagen anhielt, in dem ein General saß, der sofort seinem Fahrer befahl, sich nicht um die Wache zu kümmern und weiterzufahren. Daraufhin trat der Rekrut, das Gewehr im Anschlag, vor und sagte ruhig: „Ich bitte um Verzeihung, Sir, aber ich bin neu in diesem Geschäft. Wen soll ich erschießen? Sie oder den Chauffeur?"

Man erlangt Größe,
wenn man den Rang der Vorgesetzten nicht achtet
und die Untergebenen
seinen eigenen Rang vergessen macht.
Wenn man weder überheblich gegenüber den Schwachen ist
noch schwach mit den Überheblichen.

Kein Ansporn mehr

Es war einmal ein Rabbi, der vom Volk als Gottesmann verehrt wurde. Kein Tag verging, an dem nicht viele Menschen vor seiner Tür standen, um Rat baten, Heilung begehrten oder auch nur den Segen des heiligen Mannes. Und jedesmal, wenn der Rabbi sprach, hingen die Menschen an seinen Lippen und sogen jedes einzelne Wort in sich auf.

Unter den Zuhörern gab es jedoch einen unangenehmen Burschen, der nicht die geringste Gelegenheit ausließ, um dem Meister zu widersprechen. Er beobachtete die Schwächen des Rabbi und machte sich über dessen Fehler lustig zum großen Mißvergnügen seiner Anhänger, die allmählich in ihm die Inkarnation des Teufels sahen.

Eines Tages wurde der „Teufel" krank und starb. Jedermann seufzte erleichtert auf. Äußerlich wahrten sie den geziemenden Ernst, aber im Herzen waren sie froh, denn nun würden die ermutigenden Reden des Meisters nicht mehr unterbrochen und sein Auftreten nicht mehr von diesem respektlosen Ketzer kritisiert werden.

Daher waren die Menschen erstaunt, als sie sahen, daß der Meister bei der Beerdigung ehrlich trauerte. Als er später von einem Schüler gefragt wurde, ob er das unabänderliche Schicksal des Toten beklage, sagte er: „Nein, nein. Warum sollte ich um unseren Freund trauern, der nun im Himmel ist? Ich klage um mich selbst. Dieser Mann war mein einziger Freund. Hier bin ich von Menschen umgeben, die mich verehren. Er als einziger forderte mich heraus. Ich habe Angst, nicht mehr weiter zu wachsen, nun, da er gegangen ist." Und bei diesen Worten brach der Meister in Tränen aus.

Der Umhang

Eine Frau kam einmal zu Rabbi Israel und erzählte ihm ihren geheimen Kummer. Sie war nun zwanzig Jahre verheiratet und hatte noch keinen Sohn geboren. „Welch ein Zufall!" sagte der Rabbi. „Genauso ging es meiner Mutter." Und er erzählte die folgende Geschichte:

In zwanzig Jahren hatte seine Mutter kein Kind geboren. Eines Tages hörte sie, der heilige Baal Shem Tov sei in der Stadt. Sie eilte in das Haus, in dem er sich aufhielt, und bat ihn, er möge für sie beten, daß sie einen Sohn bekäme.

„Was willst du dafür tun?" fragte der heilige Mann.

„Was kann ich tun?" erwiderte sie. „Mein Mann ist ein armer Bibliothekar, aber ich besitze doch etwas, was ich dem Rabbi geben kann."

Sie stürzte nach Hause, zog eine Katinka aus der Truhe, in der diese sorgfältig weggepackt worden war, und lief zurück, um sie dem Rabbi zu übergeben.

Nun ist die Katinka, wie man weiß, ein Cape, das die Braut an ihrem Hochzeitstag trägt, ein kostbares Erbstück, das von einer Generation zur anderen weitergereicht wird. Als die Frau zurückkam, war der Rabbi schon zur nächsten Stadt weitergegangen, also ging sie ihm nach. Da sie arm war, mußte sie die ganze Strecke zu Fuß gehen, und als sie dort ankam, war der Rabbi schon weitergezogen. Sechs Wochen lang folgte sie ihm von Stadt zu Stadt, bis sie ihn endlich einholte. Der Rabbi nahm die Katinka und gab sie weiter an die Synagoge.

Rabbi Israel schloß seine Geschichte: „Meine Mutter ging den ganzen Weg nach Hause zurück. Ein Jahr später wurde ich geboren."

„Welch ein Zufall", rief die Frau. „Ich habe auch eine Katinka zu Hause. Ich werde sie Euch sofort bringen, und wenn Ihr sie weitergebt an die Synagoge, wird Gott mir einen Sohn schenken."

„O nein, meine Liebe", sagte der Rabbi traurig, „so geht das nicht. Da ist ein großer Unterschied zwischen meiner Mutter und dir. Du hast jetzt ihre Geschichte gehört; sie hatte keine Geschichte, an die sie sich halten konnte."

Wenn ein Heiliger eine Leiter benutzt hat,
wird sie weggeworfen
und kann nie wieder gebraucht werden.

Da staunt der Fachmann

Ein hoher Lastwagen fuhr durch eine Eisenbahnunterführung, blieb aber zwischen den Brückenträgern und der Straße stecken. Alle Bemühungen von Fachleuten, ihn wieder freizubekommen, erwiesen sich als nutzlos, und der Verkehr staute sich kilometerlang auf beiden Seiten der Unterführung.

Ein kleiner Junge versuchte immer wieder die Aufmerksamkeit des Vorarbeiters auf sich zu lenken, wurde aber stets weggestoßen. Schließlich sagte der Mann in schierer Verzweiflung: „Du bist wohl hergekommen, um uns zu sagen, wie wir die Sache anpacken sollen!"

„Ja", sagte der Junge, „ich würde vorschlagen, etwas Luft aus den Reifen zu lassen."

Der Laie kann sich viele Möglichkeiten vorstellen,
der Fachmann nur wenige.

Fachkundig

Irgendwann in den dreißiger Jahren exportierte eine Maschinenfabrik eine Maschine nach Japan.
Einen Monat später erhielt das Unternehmen ein Telegramm: MASCHINE FUNKTIONIERT NICHT. BITTE ZWECKS REGELUNG JEMANDEN SCHICKEN.

Die Firma schickte einen Mann nach Japan. Ehe er überhaupt Gelegenheit bekam, die Maschine zu überprüfen, erhielt das amerikanische Unternehmen ein zweites Telegramm: MANN ZU JUNG, BITTE ÄLTEREN SCHICKEN.

Die Antwort der Firma lautete: VORSCHLAGEN IHN EINZUSETZEN. ER IST ERFINDER DER MASCHINE.

Nur die große Richtung

Ein Tausendfüßler fragte eine Eule um Rat, weil er solche Schmerzen in seinen Füßen hatte.
Sagte die Eule: „Du hast viel zu viele Beine. Wenn du eine Maus würdest, hättest du nur vier Beine und somit nur einen Bruchteil der Schmerzen."

„Das ist eine sehr gute Idee", sagte der Tausendfüßler. „Jetzt zeige mir, wie ich eine Maus werden kann."

„Laß mich in Frieden mit den Einzelheiten der Ausführung", sagte die Eule, „ich lege hier nur die große Richtung fest."

Medizinische Bildbetrachtung

Ein großer Maler lud seinen Arztfreund ein, damit dieser sich sein, wie der Maler meinte, schönstes Bild ansehe. Der Arzt unterzog das Gemälde einer strengen Prüfung und betrachtete jede Einzelheit genau. Zehn Minuten vergingen, und der Künstler wurde etwas ängstlich. „Also, was hältst du davon?" fragte er.

Der Arzt sagte: „Es scheint eine doppelte Lungenentzündung zu sein."

Vielleicht hilft's

Das Risiko, sich auf den Fachmann zu verlassen

Ein Mann bekam von einem Freund einen Brief, der nicht zu entziffern war. Nachdem er sich bemüht hatte, einen Sinn herauszufinden, kam ihm plötzlich der Gedanke, sich von dem örtlichen Drogisten helfen zu lassen.

Der Mann im Drugstore sah sich eine Minute lang das

Geschriebene genau an, nahm dann eine große braune Flasche aus dem Regal, stellte sie auf den Ladentisch und sagte: „Das macht zwei Dollar, bitte!"

Ihr Pferd leidet an Gelbsucht

Eine Gruppe College-Studenten war mit der Qualität des Bieres nicht zufrieden, das sie in der Cafeteria bekamen.

Einer von ihnen kam auf die glänzende Idee, etwas von der Flüssigkeit in eine Flasche abzufüllen und sie in ein Krankenhauslabor zu schicken, in der Hoffnung, man würde dort herausfinden, was in dem Bier war.

Am nächsten Tag bekamen sie das Ergebnis, das lautete: „Ihr Pferd leidet an Gelbsucht."

Gute Regierung

Ein Schüler fragte einmal Konfuzius: „Was sind die Grundvoraussetzungen für eine gute Regierung?"
Er antwortete: „Nahrung, Waffen und das Vertrauen des Volkes."

„Aber", fuhr der Schüler fort, „wenn Ihr gezwungen wäret, auf eine der drei Voraussetzungen zu verzichten, welche würdet Ihr aufgeben?"

„Waffen."

„Und wenn Ihr noch eine weitere aufgeben müßtet?"

„Nahrung."

„Aber ohne Nahrung werden die Menschen sterben."

„Seit urvordenklichen Zeiten ist der Tod das Schicksal der Menschen. Aber wenn ein Volk seinen Herrschern nicht mehr vertraut, ist es in der Tat verloren."

Die Parabel von den Krücken

Als ein Dorfvorsteher durch einen Unfall seine Beine nicht mehr gebrauchen konnte, lernte er, mit Krükken zu gehen. Allmählich war er imstande, sich sehr schnell fortzubewegen, sogar zu tanzen und kleine Pirouetten zu drehen, um seine Nachbarn zu unterhalten.

Dann hatte er die Idee, seinen Kindern den Gebrauch von Krücken beizubringen. Bald wurde es in dem Dorf zum Statussymbol, auf Krücken zu gehen, und binnen kurzem tat es jeder. In der vierten Generation konnte niemand mehr im Dorf ohne Krücken gehen. Die Dorfschule nahm in ihren Lehrplan „Krückenlaufen – Theorie und Praxis" auf, und die Handwerker im Dorf wurden berühmt für die Qualität der von ihnen hergestellten Krükken. Man sprach sogar davon, elektronische, batteriegetriebene Krücken zu entwickeln.

Eines Tages trat ein junger Mann vor den Ältestenrat des Dorfes und wollte wissen, warum jedermann mit Krücken zu gehen habe, während Gott doch den Menschen Beine zum Laufen gegeben habe. Die Dorfältesten waren belustigt, daß dieser Grünschnabel sich für klüger hielt als sie, und beschlossen daher, ihm eine Lektion zu erteilen. „Warum zeigst du uns nicht, wie man es macht?" fragten sie.

„Einverstanden", rief der junge Mann.

Eine Demonstration wurde für zehn Uhr am nächsten Sonntag auf dem Dorfplatz vereinbart. Alle waren anwesend, als der junge Mann mit seinen Krücken in die Mitte des Platzes humpelte. Als die Dorfuhr die volle Stunde schlug, stellte er sich aufrecht hin und ließ seine Krücken fallen. Stille breitete sich über der Versammlung aus, als er einen Schritt vorwärts tat – und platt aufs Gesicht fiel.

Damit wurde jedermann in seinem Glauben bestätigt, daß es völlig unmöglich war, ohne die Hilfe von Krücken zu gehen.

Der traurige Rest

Während der Wagenbauer am unteren Ende der Halle ein Rad fertigstellte, las Prinz Huan von Ch'i am anderen Ende ein Buch.

Der Stellmacher legte sein Stemmeisen und seinen Holzhammer zur Seite und fragte den Prinzen, welches Buch er las.

„Eines, das die Worte der Weisen bewahrt", sagte der Prinz.

„Leben diese Weisen?" fragte der Wagenbauer.

„Nein", antwortete der Prinz, „sie sind alle tot."

„Dann kann das, was Ihr lest, nichts weiter sein als der Schmutz und Schund längst begrabener Menschen", sagte der Wagenbauer.

„Wie kannst du, ein Stellmacher, es wagen, ein Buch zu kritisieren, das ich lese? Rechtfertige deine Behauptung, oder du sollst sterben."

„Als Stellmacher", sagte der Mann, „sehe ich die Sache folgendermaßen: Wenn ich ein Rad forme, darf mein Schlag nicht zu langsam sein, sonst schneidet er tief ein, ist aber nicht gleichmäßig; ist mein Schlag zu schnell, ist er zwar gleichmäßig, schneidet aber nicht tief genug ein. Das richtige Tempo, weder zu schnell noch zu langsam, wird sich nicht auf die Hand übertragen, wenn es nicht aus dem Herzen kommt. Es kann nicht in Worten ausgedrückt werden; es ist eine Kunst, die ich nicht meinem Sohn weitergeben kann. Deswegen kann ich ihn nicht meine Arbeit übernehmen lassen und mache also immer noch mit 75 Jahren Räder. Meiner Meinung nach muß es mit denen, die vor uns gestorben sind, das gleiche sein. Alles, was sich lohnte, weitergegeben zu werden, ist mit ihnen gestorben; den Rest stecken sie in ihre Bücher. Deswegen habe ich gesagt, das, was Ihr lest, sei nur der Schmutz und traurige Rest Verstorbener."

Die Laterne des Blinden

In alten Zeiten war es in Japan üblich, Papierlaternen zu benutzen. Das Papier schirmte eine brennende Kerze und wurde von Bambusstöcken zusammengehalten.

Ein blinder Mann besuchte zufällig seinen Freund, und da es schon spät war, wurde ihm für den Heimweg eine Laterne angeboten.

Er lachte über den Vorschlag. „Tag und Nacht sind für mich gleich", sagte er. „Was sollte ich wohl mit einer Laterne anfangen?"

Sein Freund sagte: „Richtig, du brauchst sie nicht, um deinen Weg nach Hause zu finden. Aber sie könnte verhindern, daß jemand im Dunkeln in dich hineinläuft."

Also ging der Blinde mit seiner Laterne weg. Es dauerte nicht lange, bis jemand in ihn hineinrannte und ihn umwarf.

„He, du unvorsichtiger Kerl!" schrie der Blinde. „Siehst du nicht die Laterne?"

„Bruder", entgegnete der Fremde, „deine Laterne ist ausgegangen."

Man geht sicherer
in der eigenen Dunkelheit
als im Licht eines anderen.

SPIRITUALITÄT

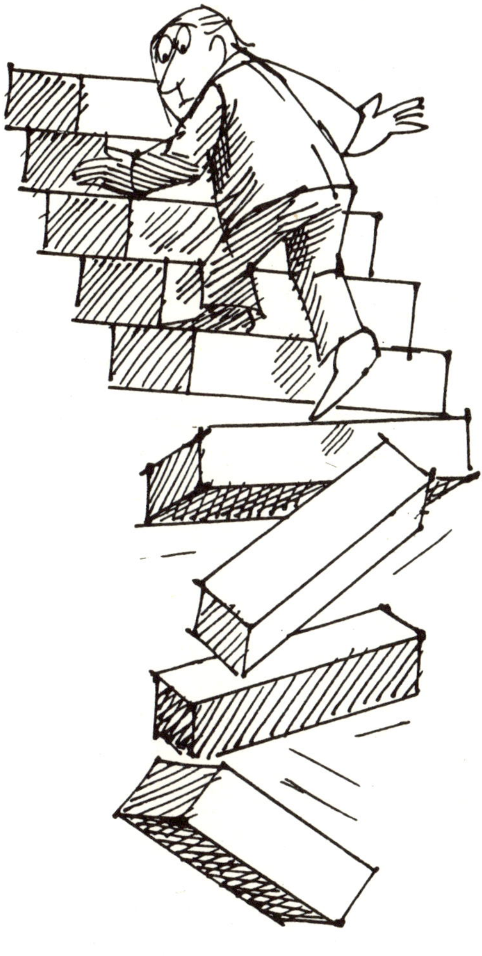

Nur Aufstieg

Bedenkt man, was geistliche Suche bedeutet ...

Ein Mann kam an einen hohen Turm, trat ein und befand sich in tiefer Dunkelheit. Als er sich vortastete, kam er an eine Wendeltreppe. Neugierig zu erfahren, wohin sie führte, begann er hinaufzusteigen und spürte dabei wachsendes Unbehagen in seinem Herzen. Er blickte sich um und sah entsetzt, daß jedesmal, wenn er eine Stufe erklommen hatte, die vorhergehende abbrach und verschwand. Vor ihm wand sich die Treppe empor, und er hatte keine Ahnung, wohin sie führte, hinter ihm gähnte eine riesige schwarze Leere.

... so sind echte Suchende selten.

Höchstens vier oder fünf

Als der König die Klöster des großen Zen-Meisters Lin Chi besuchte, erfuhr er zu seinem Erstaunen, daß dort mehr als zehntausend Mönche mit ihm lebten.

Da der König die genaue Anzahl der Mönche wissen wollte, fragte er: „Wie viele Schüler habt Ihr?"

Lin Chi erwiderte: „Höchstens vier oder fünf."

Mutiger Bräutigam

... der Schwindler viele

Ein Paar auf der Hochzeitsreise wollte gerade im Hotel zu Bett gehen, als ein maskierter Räuber einbrach. Er zeichnete mit Kreide einen Kreis auf den Fußboden, winkte dem Ehemann und sagte: „Stellen Sie sich in diesen Kreis! Tun Sie auch nur einen Schritt heraus, schieße ich Sie durch den Kopf."

Während der Mann kerzengerade dastand, ergriff der Räuber alles, dessen er habhaft werden konnte, warf es in einen Sack und wollte gerade hinausgehen, als sein Blick auf die hübsche Braut fiel, die nur in ein Laken gehüllt war. Er winkte sie heran, drehte das Radio an und zwang sie, mit ihm zu tanzen, drückte sie an sich und küßte sie. Er hätte sie weiter bedrängt, wenn sie sich nicht heftig gewehrt hätte.

Als der Einbrecher schließlich das Zimmer verließ, drehte sich die Frau zu ihrem Mann um und schrie: „Was bist du für ein Mann, einfach stehen zu bleiben in diesem Kreis, ohne eine Hand zu rühren, während ich beinahe vergewaltigt wurde!"

„Es stimmt nicht, daß ich nichts tat", protestierte der Mann.

„Was willst du denn getan haben?"

„Ich trotzte ihm. Jedesmal, wenn er mir den Rücken zuwandte, streckte ich meinen Fuß aus dem Kreis."

Wirklich aufregend

Nach dreißig Jahren gemeinsamen Fernsehens sagte ein Mann zu seiner Frau: „Laß uns heute abend etwas wirklich Aufregendes unternehmen!"

Sofort tauchten vor ihrem Auge Visionen von einer Nacht in der Stadt auf. „Phantastisch", sagte sie, „was wollen wir machen?"

„Wir könnten einmal die Sessel tauschen."

Der Zigeuner in mir

In einer kleinen Grenzstadt lebte ein alter Mann schon fünfzig Jahre in dem gleichen Haus.
Eines Tages zog er zum großen Erstaunen seiner Umgebung in das Nachbarhaus um. Reporter der Lokalzeitung sprachen bei ihm vor, um ihn nach dem Grund zu fragen.

„Ich glaube, das ist der Zigeuner in mir", sagte er mit selbstzufriedenem Lächeln.

Habt ihr je von dem Mann gehört, der Christoph Columbus auf seiner Entdeckungsfahrt in die Neue Welt begleitete und sich die ganze Zeit grämte, vielleicht nicht rechtzeitig zurück zu sein, um die Nachfolge des alten Dorfschneiders anzutreten, und ein anderer ihm den Job wegschnappen könnte?

Um in dem Abenteuer, genannt Spiritualität, Erfolg zu haben, muß man fest entschlossen sein, aus dem Leben soviel wie möglich herauszuholen. Viele Menschen begnügen sich mit Nichtigkeiten wie Reichtum, Ruhm, Bequemlichkeit und menschlicher Geselligkeit.

Das Herz einer Maus

... denn das einzig Wesentliche fehlt

Nach einer alten indischen Fabel lebte eine Maus in ständiger Sorge, weil sie Angst vor der Katze hatte. Ein Zauberer hatte Mitleid mit ihr und verwandelte sie in eine Katze. Aber dann hatte sie Angst vor dem Hund. Also verwandelte sie der Zauberer in einen Hund. Da begann sie den Panther zu fürchten, also verwandelte sie der Zauberer in einen Panther. Nun hatte sie große Angst vor dem Jäger.

Da gab der Zauberer auf. Er verwandelte sie wieder in

eine Maus und sagte: „Nichts, was ich für dich tun kann, wird dir helfen, denn du hast das Herz einer Maus."

Schon jetzt!

Ein Priester betrat ein Pub und war empört, dort so viele seiner Pfarrkinder anzutreffen. Er versammelte sie um sich und führte sie in die Kirche.

Dann sagte er feierlich: „Alle die, die in den Himmel kommen möchten, treten bitte links heraus." Jedermann trat nach links außer einem, der stur stehen blieb.

Der Priester sah ihn scharf an und sagte: „Willst du nicht in den Himmel kommen?"

„Nein", erwiderte der Mann.

„Willst du damit sagen, daß du nicht in den Himmel kommen willst, wenn du stirbst?"

„Natürlich will ich in den Himmel kommen, wenn ich sterbe. Aber ich dachte, wir sollten schon jetzt gleich gehen!"

Wir sind nur bereit, den ganzen Weg zu Fuß zu gehen, wenn unsere Bremsen nicht funktionieren.

Die buddhistische Nonne Ryonen

Die buddhistische Nonne Ryonen wurde im Jahr 1779 geboren. Der berühmte japanische Krieger Shingen war ihr Großvater. Sie galt als das schönste Mädchen Japans und als Dichterin von Rang. So wurde sie schon im Alter von siebzehn Jahren auserwählt, am königlichen Hof zu dienen, wo sie eine große Zuneigung zu Ihrer Majestät, der Kaiserin, entwickelte. Nun starb die Kaiserin eines plötzlichen Todes, und Ryonen machte eine tiefe geistliche Entwicklung durch: Ihr wurde plötzlich bewußt, wie flüchtig alle Dinge sind. Deshalb entschloß sie sich, Zen zu studieren.

Aber ihre Familie wollte davon nichts wissen. Man zwang sie praktisch zu einer Heirat, aber vorher hatte sie sich das Versprechen geben lassen, daß es ihr frei stünde, Nonne zu werden, wenn sie ihrem Mann drei Kinder geboren hätte. Diese Bedingung wurde erfüllt, als sie 25 Jahre alt war. Dann konnten sie weder die Bitten ihres Mannes noch irgend etwas auf der Welt von der Aufgabe abhalten, an die sie ihr Herz gehängt hatte. Sie rasierte ihren Kopf kahl, nahm den Namen Ryonen an – das heißt: Klar verstehen – und begann ihre Suche.

Ryonen kam zu der Stadt Edo und bat den Meister Tetsugyu, sie als Schülerin anzunehmen. Er warf ihr einen Blick zu und wies sie ab, weil sie zu schön war. Also ging sie zu einem anderen Meister, Hakuo. Er wies sie aus dem gleichen Grund ab: Ihre Schönheit, sagte er, würde nur Unruhe stiften. Darauf brannte Ryonen ihr Gesicht mit einem glühenden Eisen und zerstörte dadurch für immer ihre körperliche Schönheit. Als sie zu Hakuo zurückkam, nahm er sie als Schülerin an.

Ryonen schrieb ein Gedicht auf die Rückseite eines kleinen Spiegels zur Erinnerung an dieses Ereignis:

Als Magd meiner Kaiserin verbrannte ich Weihrauch,
um meinen schönen Kleidern Duft zu verleihen.

Nun, als heimatloser Bettler verbrenne ich mein Gesicht,
um die Welt des Zen zu betreten.

Als sie wußte, daß ihre Zeit gekommen war, um aus dieser Welt zu scheiden, schrieb sie noch ein Gedicht:

Sechsundsechzigmal haben diese Augen die Schönheit des Herbstes gesehen …

Verlange nichts mehr.

Lausche nur noch dem Laut der Kiefern, wenn kein Windhauch sich rührt.

Musik der Unsterblichkeit

In einem Konzentrationslager lebte einmal ein Gefangener, der, obwohl zum Tode verurteilt, furchtlos und frei war. Eines Tages sah man ihn mitten auf dem Gefängnisplatz Gitarre spielen. Eine große Menge versammelte sich um ihn, denn unter dem Zauber der Musik wurden alle genauso furchtlos wie er. Als die Gefängnisbeamten das merkten, verboten sie dem Mann zu spielen.

Aber am nächsten Tag war er wieder da, sang und spielte auf seiner Gitarre, und die Menge um ihn war größer als zuvor. Wütend schleppten ihn die Wärter weg und hackten seine Finger ab.

Am nächsten Tag war er wieder da, sang und spielte, so gut er mit seinen blutenden Fingern konnte. Dieses Mal jubelten ihm die Menschen zu. Die Wärter schleppten ihn fort und zerschlugen seine Gitarre.

Am nächsten Tag sang er aus ganzem Herzen. Was für ein Lied! So rein und beglückend! Die Menge fiel ein, und während des Singens wurden ihre Herzen so rein wie seines und ihr Geist genauso unbesiegbar. Dieses Mal waren die Wärter so wütend, daß sie ihm die Zunge ausrissen. Stille breitete sich über dem Lager aus, eine Ahnung von Unsterblichkeit.

Zu jedermanns Erstaunen war er am nächsten Tag wieder da und wiegte sich tanzend zu einer tonlosen Musik, die nur er hören konnte. Und bald faßten sich alle an den Händen und tanzten um diese blutende, zerbrochene Gestalt in der Mitte, während die Wachen wie angewurzelt dastanden.

Zum Tanzen braucht man keine Füße

Die Karriere von Sudha Chandram, einer zeitgenössischen indischen Tänzerin, brach an ihrem Höhepunkt ab, weil ihr rechtes Bein amputiert werden mußte. Nachdem ihr eine Prothese angepaßt worden war, begann sie wieder zu tanzen, und – so unwahrscheinlich es klingt – es gelang ihr, wieder an die Spitze zu kommen. Als sie gefragt wurde, wie sie das geschafft hatte, antwortete sie: „Zum Tanzen braucht man keine Füße."

Ins leere Loch schauen

Ein Geizhals versteckte sein Gold unter einem Baum in seinem Garten. Jede Woche grub er es aus und betrachtete es stundenlang. Eines Tages fand ein Dieb das Gold und verschwand damit. Als der Geizhals das nächste Mal seinen Schatz betrachten wollte, fand er nur noch ein leeres Loch.

Der Mann begann vor Kummer laut zu heulen, so daß seine Nachbarn zusammenliefen und sehen wollten, was los war. Als sie erfuhren, was passiert war, fragte einer von ihnen:

„Hast du das Gold zu etwas gebraucht?"

„Nein", sagte der Geizhals, „ich habe es nur jede Woche angesehen."

„In diesem Fall", sagte der Nachbar, „wenn du das Gold nicht direkt gebraucht hast, dann kannst du genausogut jede Woche herkommen und das Loch betrachten."

Nicht unser Geld macht uns reich oder arm,
sondern unsere Fähigkeit zu genießen.
Nach Reichtum zu streben,
und nicht imstande zu sein, sich daran zu erfreuen,
ist wie ein Glatzkopf, der Kämme sammelt.

Kein Jahr jünger

Ein Reporter versuchte, von einem sehr alten Mann in einem staatlichen Altersheim eine menschlich anrührende Geschichte zu bekommen.

„Großvater", sagte der junge Reporter, „wie würden Sie sich fühlen, wenn Sie plötzlich einen Brief bekämen mit der Nachricht, ein entfernter Verwandter hätte Ihnen 10 Millionen Dollar hinterlassen?"

„Sohn", antwortete der alte Mann langsam, „ich wäre immer noch 95 Jahre alt, stimmt's?"

Nur Perlen

Zwei Schmuckhändler kamen eines Nachts ungefähr gleichzeitig in einer Karawanserei in der Wüste an. Jeder war sich der Gegenwart des anderen durchaus bewußt, und als der eine sein Kamel ablud, konnte der andere der Versuchung nicht widerstehen, wie zufällig eine große Perle fallen zu lassen. Sie rollte auf den anderen zu, der sie mit gespielter Liebenswürdigkeit aufhob, sie ihrem Eigentümer zurückgab und sagte: „Ihr habt hier eine wunderschöne Perle, Sir. Groß und schimmernd wie wenige."

„Wie reizend Ihr das sagt", erwiderte der andere. „Tatsächlich ist sie eine der kleineren aus meiner Kollektion."

Ein Beduine, der am Feuer saß, hatte dieses Schauspiel beobachtet. Er erhob sich und lud die beiden ein, mit ihm zu essen. Als sie ihr Mahl begannen, erzählte er folgende Geschichte:

„Auch ich, meine Freunde, war einmal Schmuckhändler wie Ihr. Eines Tages geriet ich in der Wüste in einen großen Sturm. Meine Karawane und ich wurden hin und her getrieben, bis ich mein Gefolge verloren und mich verirrt hatte. Tage vergingen, und von panischer Angst ergriffen, merkte ich, daß ich im Kreis herumwanderte und kein Gefühl mehr hatte, wo ich war und welche Richtung ich einschlagen sollte.

Als ich fast verhungert war, lud ich alles Gepäck von meinem Kamel ab und durchwühlte es wohl zum hundertsten Mal. Stellt euch meine Aufregung vor, als ich einen Beutel fand, den ich zuvor übersehen hatte. Mit zitternden Fingern riß ich ihn auf in der Hoffnung, etwas Eßbares zu finden. Ihr werdet meine Enttäuschung verstehen, als ich sah, daß er nur Perlen enthielt."

Auf der Durchreise

Ein vom Äußeren her streng und unnachsichtig wirkender Sufi erschien vor den Toren des Palastes. Niemand wagte ihn aufzuhalten, als er geradewegs auf den Thron zuschritt, den der heiligmäßige Ibrahim ben Adam innehatte.

„Was wünschst du?" fragte der König.

„Einen Platz, um in dieser Karawanserei zu schlafen."

„Das ist keine Karawanserei. Das ist mein Palast."

„Darf ich fragen, wem dieser Ort vor Euch gehörte?"

„Meinem Vater. Er ist tot."

„Und wem gehörte er vor diesem?"

„Meinem Großvater. Er ist auch tot."

„Und dieser Ort, den Menschen eine kurze Weile bewohnen und dann weiterziehen – sagtet Ihr wirklich, er sei keine Karawanserei?"

Wenigstens noch ein paar Minuten

Ein Geizhals hatte 500 000 indische Dinar gehortet und beschloß, ein Jahr angenehm zu leben, ehe er überlegen wollte, wie dieses Geld am besten anzulegen sei. Aber plötzlich erschien der Engel des Todes neben ihm und forderte sein Leben.

Der Mann bat und bettelte mit tausend guten Gründen, ihn noch etwas länger leben zu lassen, aber der Engel war unerbittlich. „Laß mir noch drei Tage Zeit", bat er, „und ich werde dir die Hälfte meines Vermögens geben." Der Engel wollte nichts davon wissen und begann, ihn wegzuzerren. „Ich bitte dich, gib mir nur noch einen Tag, und du kannst alles haben, was ich mit soviel Schweiß und Mühe erworben habe." Der Engel blieb hart.

Ein kleines Zugeständnis konnte er dem Engel jedoch abringen – einige wenige Minuten, um eine Nachricht aufzuschreiben: „Wer du auch immer seist, der diese Nachricht findet, vertue nicht deine Zeit, Glücksgüter anzuhäufen, wenn du genug zum Leben hast. Lebe! Meine 500 000 Dinar konnten mir nicht eine Stunde Leben erkaufen!"

Wenn Millionäre sterben und die Leute fragen:
„Wieviel hinterlassen sie?" lautet die Antwort natürlich: „Alles."
Und manchmal: „Sie haben es nicht hinterlassen.
Sie mußten es zurücklassen."

Wenn Gott lacht

Der indische Mystiker Ramakrishna pflegte zu sagen: Gott lacht bei zwei Gelegenheiten. Er lacht, wenn er einen Arzt zu einer Mutter sagen hört: „Haben Sie keine Angst. Ich werde den Jungen gesund machen." Gott sagt sich dann: „Ich habe vor, dem Jungen das Leben zu nehmen, und dieser Mann denkt, er könne es retten!"

Er lacht auch, wenn er sieht, wie zwei Brüder ihr Land unter sich aufteilen, indem sie eine Grenzlinie ziehen und sagen: „Diese Seite gehört mir und die andere dir." Er sagt sich dann: „Das Universum gehört mir, und diese beiden behaupten, Teile davon gehörten ihnen!"

Als ein Mann erfuhr,
sein Haus sei von der Flut weggerissen worden, lachte er und sagte:
„Unmöglich! Ich habe den Hausschlüssel hier in meiner Tasche."

Selbst du gehörst dir nicht

Und Buddha sagte:
„Dieses Land ist mein, diese Söhne sind mein" –
so spricht ein Narr, der nicht begreift, daß er selbst sich nicht gehört.

Man besitzt nie etwas wirklich.
Nur eine Zeitlang bewahrt man es auf.
Ist man nicht fähig, es wegzugeben,
wird man selbst festgehalten.

Was immer man sammelt,
muß sein wie Wasser in der hohlen Hand.

Greift man zu,
läuft es weg.

Willst du es besitzen,
beschmutzt du es.
Läßt du es los,
ist es für immer dein.

Der Schatz in der Höhle

Hier ist eine Geschichte, die ein Meister seinen Schülern erzählte, um ihnen zu zeigen, welchen Schaden selbst ein einziges unbedeutendes Begehren auch jenen bringen kann, die an geistigen Gaben reich geworden sind:

Ein Dorfbewohner ritt genau in dem Augenblick an einer Höhle vorbei, als sie auf magische Weise für alle jene sichtbar wurde, die sich an ihren Schätzen bereichern wollten. Er betrat die Höhle und fand dort Berge von Juwelen und Edelsteinen, die er eilig in die Satteltaschen seines Maultieres stopfte, denn er kannte die Legende, nach der die Höhle nur eine sehr begrenzte Zeit offen sein würde, so daß die Schätze schnell weggeschafft werden müßten.

Der Esel war voll beladen, und frohgemut ob seines Glückes machte der Mann sich auf den Weg, als er plötzlich merkte, daß er seinen Stock in der Höhle vergessen hatte. Er machte kehrt und stürzte noch einmal hinein. Aber die Zeit war gekommen, daß die Höhle wieder verschwinden mußte, und so verschwand er mit ihr und ward nie wieder gesehen. Nachdem die Dorfbewohner ein Jahr und länger auf ihn gewartet hatten, verkauften sie die Schätze, die sie bei dem Esel gefunden hatten, und wurden so die Nutznießer des großen Glücks eines glücklosen Mannes.

Wenn der Sperling im Wald sein Nest baut,
braucht er dazu nur einen einzigen Ast.
Wenn das Wild am Fluß seinen Durst stillt,
trinkt es nie mehr, als es vertragen kann.

Wir sammeln Dinge,
weil unsere Herzen leer sind.

Laß mir noch fünf Yen

Es war einmal ein alter Zen-Meister mit Namen Nonoko, der allein in einer Hütte am Fuß eines Berges wohnte. Eines Nachts, als Nonoko meditierte, brach ein Fremder in die Hütte ein und verlangte mit gezogenem Schwert Nonokos Geld. Nonoko unterbrach seine Meditation nicht, sagte aber zu dem Mann: „All mein Geld ist in einer Schale dort auf dem Regal. Nimm, soviel du willst, aber laß mir fünf Yen. Ich muß nächste Woche meine Steuern bezahlen."

Der Fremde leerte alles Geld aus der Schale und warf fünf Yen zurück. Er ließ auch eine kostbare Vase mitgehen, die er in dem Regal fand.

„Geh vorsichtig mit ihr um", sagte Nonoko, „sie geht leicht kaputt."

Der Fremde sah sich noch einmal in dem kleinen kahlen Raum um und wollte hinausgehen.

„Du hast dich noch nicht bedankt", sagte Nonoko.

Der Mann sagte danke und ging.

Am nächsten Morgen war das ganze Dorf in heller Aufregung. Viele Leute sagten, sie seien bestohlen worden. Jemand bemerkte, daß in Nonokos Regal die Vase fehlte, und fragte, ob auch er bestohlen worden sei. „O nein", sagte Nonoko, „ich gab die Vase einem Fremden und noch etwas Geld. Er bedankte sich und ging. Es war ein ganz netter Bursche, wenn er auch ein bißchen leichtsinnig mit seinem Schwert hantierte!"

Gelegenheit macht Diebe

Ein reicher Muslim ging nach einem Fest in die Moschee, zog seine teuren Schuhe aus und ließ sie vor der Tür stehen. Als er nach dem Gebet wiederkam, waren die Schuhe weg.

„Wie gedankenlos von mir", sagte er sich vorwurfsvoll. „Indem ich dummerweise die Schuhe draußen stehen ließ, habe ich jemand dazu verführt, sie zu stehlen. Ich hätte sie ihm gerne geschenkt. Nun bin ich schuld, daß er zum Dieb wurde."

Sokrates auf dem Marktplatz

Als echter Philosoph, der er war, glaubte Sokrates, ein weiser Mensch würde instinktiv ein einfaches Leben führen. Er selbst pflegte noch nicht einmal Schuhe zu tragen. Und doch fühlte er sich immer wieder vom Marktplatz angezogen und besuchte ihn oft, um die dort angebotenen Waren zu betrachten.

Als einer seiner Freunde ihn fragte, warum er das täte, sagte Sokrates: „Ich gehe gerne hin, um festzustellen, wie viele Dinge es gibt, ohne die ich phantastisch auskomme."

Spiritualität bedeutet nicht,
zu wissen, was man braucht,
sondern einzusehen, was man nicht braucht.

Der beste Tee

Eine Gruppe älterer Herren in Japan traf sich regelmäßig, um Neuigkeiten auszutauschen und Tee zu trinken. Es machte ihnen Spaß, teure Teesorten ausfindig zu machen und neue Mischungen zu kreieren, die ihrem Gaumen schmeichelten.

Als das älteste Mitglied der Gruppe an der Reihe war, die anderen zu bewirten, servierte er den Tee mit der ausgesuchtesten Zeremonie und verteilte die Teeblätter aus einem goldenen Gefäß. Jedermann war des höchsten Lobes voll und wollte wissen, wie er diese hervorragende Mischung zusammengestellt hatte.

Der alte Mann lächelte und sagte: „Meine Herren, den Tee, den Sie so köstlich finden, trinken die Bauern auf meiner Farm. Die besten Dinge im Leben sind weder teuer noch schwer zu finden."

Genau dort

Der Guru saß in Meditation versunken am Ufer des Flusses, als ein Schüler ihm zwei große Perlen als Zeichen der Verehrung und Ergebenheit vor die Füße legte.

Der Guru öffnete die Augen, hob eine der Perlen auf und hielt sie so nachlässig in der Hand, daß sie herausrutschte und die Böschung hinunter in den Fluß rollte.

Der entsetzte Schüler tauchte sofort nach der Perle, aber obwohl er es bis spät in den Abend hinein immer wieder versuchte, hatte er kein Glück.

Schließlich weckte er den Guru aus seiner Meditation, naß und erschöpft wie er war, und sagte: „Ihr habt die Perle fallen sehen. Zeigt mir genau, wo, dann kann ich sie für Euch wiederfinden."

Der Guru hob die zweite Perle auf, warf sie in den Fluß und sagte: „Genau dort."

Versucht nicht, Dinge zu besitzen,
denn sie können nie wirklich besessen werden.
Achtet nur darauf,
nicht von ihnen in Besitz genommen zu werden,
dann seid ihr der Herr der Schöpfung.

Wieviel Tage Glück?

Als Buddha die Hauptstadt von König Prasanjit betrat, kam der König persönlich, ihn zu begrüßen. Er war ein Freund von Buddhas Vater gewesen und hatte von dem Verzicht des Jungen gehört. Er versuchte nun, Buddha zu überreden, das Leben als wandernder Bettler aufzugeben und in den Palast zurückzukehren, denn er glaubte, seinem alten Freund damit einen Dienst zu erweisen.

Buddha sah Prasanjit in die Augen und sagte: „Antwortet mir ehrlich. Trotz all Eurer zur Schau getragenen Fröhlichkeit, hat Euch Euer Königtum einen einzigen Tag Glück beschert?"

Prasanjit senkte die Augen und schwieg.

Es gibt keine größere Freude als die,
keinen Grund zur Sorge zu haben;
keinen größeren Reichtum
als die Zufriedenheit mit dem, was man hat.

Ich dachte, du würdest gewinnen

Ein Affe und eine Hyäne gingen durch den Wald. Die Hyäne sagte: „Jedesmal, wenn ich an den Büschen dort vorbeikomme, springt ein Löwe heraus und spielt mir übel mit. Ich weiß nicht, warum."

„Dieses Mal werde ich mit dir gehen", sagte der Affe, „und an deiner Seite dem Löwen die Stirn bieten."

Also gingen sie zusammen an der Hecke vorbei, als der Löwe die Hyäne ansprang und sie beinahe tötete. Währenddessen sah der Affe von einem sicheren Baum aus, auf den er, als der Löwe erschien, geklettert war, dem Geschehen zu.

„Warum hast du denn nichts getan, mir zu helfen?" stöhnte die Hyäne.

Sagte der Affe: „Du hast so gelacht, daß ich dachte, du würdest gewinnen."

Nicht für eine goldene Schale

Der große buddhistische Heilige Nagarjuna pflegte mit nichts weiter als einem Lendentuch bekleidet umherzuwandern, besaß jedoch, nicht ganz dazu passend, eine goldene Bettelschale, die ihm der König, sein Schüler, gegeben hatte.

Eines Nachts wollte er sich gerade in den Ruinen eines alten Klosters zum Schlaf niederlegen, als er hinter den Säulen einen Dieb bemerkte. „Hier", sagte Nagarjuna und hielt ihm die Bettelschale hin, „nimm das. Dann störst du mich wenigstens nicht, wenn ich eingeschlafen bin."

Der Dieb griff hastig nach der Schale und machte sich davon, kehrte aber am nächsten Morgen mit der Schale und einer Frage auf den Lippen zurück. „Als Ihr mir letzte Nacht diese Schale ohne Zögern gabt, kam ich mir selbst sehr armselig vor. Lehrt mich, die Reichtümer zu gewinnen, mit denen ich soviel Gelassenheit erwerben kann."

Behalte deine Goldmünzen

Niemand kann einem etwas nehmen,
an das man nie sein Herz hing.

Junaid erhielt von einem seiner Anhänger einen Beutel voller Goldmünzen.

„Hast du noch mehr Münzen?" fragte Junaid.

„Ja, noch viele."

„Liegt dir viel an ihnen?"

„Ja."

„Dann mußt du diese hier behalten, denn du brauchst sie mehr als ich. Da ich nichts habe und nichts wünsche, bin ich viel reicher als du."

Das Herz des Erleuchteten ist wie ein Spiegel:
er hält nichts fest, weist nichts zurück,
er empfängt, aber behält nichts für sich.

Wirklich ganz zufrieden?

Ein Quäker stellte auf ein Stück unbebauten Landes neben seinem Haus folgendes Schild auf: Dieses Land soll dem gehören, der wirklich zufrieden ist.

Ein reicher Farmer ritt vorbei, hielt an, las das Schild und sagte sich: „Da unser Freund, der Quäker, offensichtlich bereit ist, sich von dem Stück Land zu trennen, könnte ich mich darum bemühen, ehe es jemand anderer tut. Ich bin ein reicher Mann und habe alles, was ich brauche, deshalb gehöre ich durchaus zu den in Frage kommenden Bewerbern."

Also ging er hin und erklärte, was er wollte. „Und Ihr seid wirklich ganz zufrieden?" fragte der Quäker.

„Ja, denn ich habe, was ich brauche."

„Freund", erwiderte der Quäker, „wenn Ihr zufrieden seid, warum wollt Ihr dann das Land?"

Andere mögen nach Reichtum streben,
Erleuchtete sind reich,
denn sie sind zufrieden mit dem, was sie haben,
besitzen es, ohne zu streben.

Da sie mit wenigem zufrieden sind,
sind sie reich wie Könige.
Ein König ist arm,
wenn sein Königreich ihm nicht genügt.

Warum nicht schon jetzt?

König Pyrrhus von Epirus wurde von seinem Freund Cyneas gefragt: „Wenn Ihr Rom erobert, was werdet Ihr dann als nächstes unternehmen?"

Pyrrhus erwiderte: „Sizilien liegt ganz in der Nähe und wird leicht zu erobern sein."

„Und was werden wir tun, wenn Sizilien genommen ist?"

„Dann werden wir nach Afrika übersetzen und Karthago plündern."

„Und nach Karthago?"

„Dann kommt Griechenland an die Reihe."

„Und, wenn ich fragen darf, was wird am Ende all dieser Eroberungen stehen?"

„Dann", erwiderte Pyrrhus, „können wir uns in Ruhe des Lebens freuen."

„Könnten wir das nicht schon jetzt tun", sagte Cyneas.

Die Armen denken, sie werden glücklich,
wenn sie reich geworden sind.
Die Reichen denken, sie werden glücklich,
wenn sie ihre Gebrechen los sind.

Zwei Dollar verloren

Ein Mann und seine Frau besuchten Freunde in einem anderen Teil des Landes und wurden zu einem Pferderennen mitgenommen. Sie waren fasziniert von dem Anblick der auf einer Bahn um die Wette rasenden Pferde, so daß sie den ganzen Abend wetteten, bis sie nur noch zwei Dollar besaßen.

Am nächsten Tag beschwor der Mann seine Frau, ihn allein zum Rennen gehen zu lassen. Ein Pferd war am Start mit einer Quote von 50 : 1 im ersten Rennen. Er setzte auf dieses Pferd, und es gewann. Nun setzte er alles gewonnene Geld in einem kühnen Versuch im nächsten Rennen wieder ein, und wieder gewann er. Und so ging es weiter den ganzen Abend, und zuletzt hatte er 57 000 Dollar gewonnen.

Auf dem Heimweg kam er an einem Spielsalon vorbei. Eine innere Stimme, die gleiche, die ihn bei der Wahl der Pferde geleitet zu haben schien, sagte: „Stop! Geh hinein!" Also blieb er stehen, ging hinein und stand vor einem Roulette-Spiel. Die Stimme sagte: „Nummer dreizehn." Der Mann setzte seine 57 000 Dollar auf Nummer dreizehn. Das Rad drehte sich, der Croupier sagte: „Nummer vierzehn."

So ging der Mann mit leeren Taschen nach Hause. Seine Frau rief ihm zu: „Wie war's?"

Der Mann zuckte die Schultern. „Ich habe die zwei Dollar verloren", sagte er.

Bedenkt man es recht,
verliert man nie mehr als den Einsatz,
gleichgültig, wie hoch er war.

Der unbewegte Buddha

Buddha schien unbeeindruckt von den Beleidigungen, die ein Besucher ihm zubrüllte. Als die Schüler ihn später nach dem Geheimnis dieser Gelassenheit fragten, sagte er:

„Stellt euch vor, was geschähe, wenn jemand eine Opfergabe vor euch hinlegte, und ihr würdet sie nicht aufheben. Oder jemand schickte euch einen Brief, den ihr euch zu öffnen weigern würdet; ihr wäret von dem Inhalt nicht berührt, nicht wahr? Tut das jedesmal, wenn ihr beschimpft werdet, dann werdet ihr eure Gelassenheit nicht verlieren."

Echte Würde
wird nicht durch Mißachtung gemindert.
Die Majestät der Niagara-Fälle wird nicht geringer,
wenn man hineinspuckt.

Nicht hinsehen

Zwei Bewohner eines Taubstummenheimes zankten sich. Als ein Angestellter dazukam, um die Sache wieder ins Lot zu bringen, hatte einer dem anderen den Rükken zugedreht und schüttelte sich vor Lachen.

„Worum geht der Spaß? Warum sieht Ihr Partner so wütend aus?" fragte der Helfer in der Zeichensprache.

Der Stumme erwiderte, auch mit den Fingern: „Weil er mich beschimpfen will, aber ich mich weigere, hinzusehen!"

Die wirkliche Arbeit

Eines Tages sah Hasan von Basra Rabi'a al Adawiya am Flußufer. Er warf seinen Gebetsteppich auf das Wasser, trat darauf und sagte: „O Rabi'a, komm, laß uns gemeinsam beten."

Rabi'a sagte: „O Hasan, warum führst du dich auf wie ein Kaufmann in dem Basar dieser Welt? Du tust das aus Schwäche."

Mit diesen Worten warf sie ihre Gebetsmatte in die Luft, flog hinauf und sagte: „Komm hier hinauf, Hasan, daß uns die Menschen sehen können."

Aber das war mehr, als Hasan fertigbrachte, also schwieg er. Rabi'a, die sein Herz gewinnen wollte, sagte:

„Hasan, ein Fisch kann das tun, was du getan hast, und eine Fliege das, was ich getan habe. Die wirkliche Arbeit geht weit darüber hinaus. Damit müssen wir uns beschäftigen."

Einen Zweig wieder anfügen

Einmal wurde Buddha von einem Räuber namens Angulimal mit dem Tode bedroht.

„Sei bitte so gut, und erfülle meinen letzten Wunsch", sagte Buddha. „Schlag den Zweig dieses Baumes ab."

Ein Schwertschlag, und es war getan! „Was nun?" fragte der Räuber.

„Füge ihn wieder an", sagte Buddha.

Der Räuber lachte. „Du mußt verrückt sein, wenn du denkst, irgend jemand könnte das."

„Im Gegenteil, du bist verrückt, daß du denkst, du seist mächtig, weil du verwunden und zerstören kannst. Das tun Kinder. Die Mächtigen können erschaffen und heilen."

Der Rammbock kann eine Mauer zum Einsturz bringen; er kann die Bresche nicht wieder schließen.

Lulu

Der Besucher einer Irrenanstalt sah, wie einer der Insassen auf einem Stuhl saß, sich ständig hin- und herwiegte und mit sanfter zufriedener Stimme wiederholte: „Lulu, Lulu ..."

„Was hat der Mann für ein Problem?" fragte er den Arzt.

„Lulu. Sie war die Frau, die ihn sitzengelassen hat", antwortete der Doktor.

Als sie die Runde fortsetzten, kamen sie zu einer Gummizelle, deren Bewohner seinen Kopf immer wieder gegen die Wand schlug und stöhnend wiederholte: „Lulu, Lulu ..."

„Ist Lulu auch das Problem dieses Mannes?" fragte der Besucher.

„Ja", erwiderte der Arzt, „ihn hat Lulu schließlich geheiratet."

Es gibt eigentlich nur zwei Heimsuchungen im Leben:
nicht zu bekommen, was man sich wünscht,
und das, was man sich wünscht, zu bekommen.

Zu schnell gesprochen

Ein junger Manager rief eines Tages seinen Auslandsvertreter an und sagte kurz angebunden: „Ich rufe an, weil ich Anweisungen geben will. Der Anruf wird nur drei Minuten dauern. Ich werde sprechen und bitte Sie, nicht zu unterbrechen. Irgendwelche Anmerkungen dazu oder Fragen kabeln Sie bitte später."

Dann begann er, seine Anweisungen durchzugeben. Er tat das so schnell, daß er schon vor der Zeit fertig war. „Wir haben noch zwanzig Sekunden übrig", sagte er dem Mann am anderen Ende. „Haben Sie etwas dazu zu sagen?"

„Ja", kam die Antwort, „Sie haben so schnell gesprochen, daß ich nicht ein Wort verstehen konnte."

Ein gutes Mittel, um eine kleinere Entfernung
in mehr Zeit zurückzulegen,
ist: schneller zu gehen.

Dreißig Jahre zur Erleuchtung

Ein junger Mann kam zu einem Meister und fragte: „Wie lange werde ich brauchen, um Erleuchtung zu erlangen?"

Sagte der Meister: „Zehn Jahre."

Der junge Mann war erschrocken. „So lange?" fragte er ungläubig.

Sagte der Meister: „Nein, ich habe mich geirrt. Du wirst zwanzig Jahre brauchen."

Der junge Mann fragte: „Warum habt Ihr die Zeit verdoppelt?"

Sagte der Meister: „Wenn ich es recht überlege, wird es in deinem Fall wahrscheinlich dreißig Jahre dauern."

Gewisse Menschen werden nie etwas lernen,
weil sie alles zu schnell begreifen.
Weisheit ist schließlich kein Bahnhof,
an dem man ankommt,
sondern eine Art zu reisen.
Reist man zu schnell,
übersieht man die Landschaft.
Genau zu wissen, wohin man will,
kann der beste Weg sein, sich zu verirren.
Nicht alle, die bummeln, verlaufen sich.

Das ist Religion!

Ein amerikanischer Prediger in Peking fragte den Kellner in einem Restaurant, welcher Religion die Chinesen anhingen.

Der Kellner führte ihn auf den Balkon und fragte: „Was sehen Sie, Sir?"

„Ich sehe eine Straße und Häuser, Menschen, Busse und Taxen, die ihr Gewerbe betreiben."

„Was noch?"
„Bäume."
„Was noch?"
„Der Wind weht."
Der Chinese breitete die Arme aus und rief: „Das ist Religion, Sir!"

Du suchst es,
wie jemand eine Sehenswürdigkeit sucht,
mit offenen Augen!
Dabei ist es so klar,
daß es schwer zu erkennen ist.

Der Weg zum Tao

Schüler: „Was ist Tao?"
Meister: „Alles ist Tao."
Schüler: „Wie kann ich es erlangen?"
Meister: „Wenn du versuchst, es zu erlangen, wirst du es verfehlen!"

Man ist nie natürlich,
wenn man versucht, *natürlich zu sein;*
oder versucht, es nicht *zu versuchen!*

Wenigstens etwas Mitleid

Eine alte Frau in China unterstützte einen Mönch länger als zwanzig Jahre. Sie baute ihm eine kleine Hütte und sorgte für ihn, während er seine Zeit in Meditation verbrachte.

Nach dieser Zeit begann sie sich zu fragen, ob dieser Mann wohl Fortschritte gemacht habe. Sie beschloß, ihn auf die Probe zu stellen, indem sie ein leidenschaftliches

Mädchen bat, ihr behilflich zu sein. „Geh in die Hütte", sagte sie zu ihr, „und umarme ihn und frag ihn dann: ‚Was machen wir jetzt?' "

Das Mädchen besuchte den Mönch in der Nacht und fand ihn versunken in Meditation. Ohne Umschweife begann sie ihn zu liebkosen und sagte: „Was machen wir jetzt?" Der Mönch bekam einen Wutanfall über diese Unverschämtheit. Er ergriff einen Besen und trieb das Mädchen aus der Hütte.

Als sie zurückkam und berichtete, was geschehen war, empörte sich die alte Frau. „Wenn ich bedenke, daß ich diesen Burschen zwanzig Jahre lang durchgefüttert habe", rief sie aus, „er bewies kein Verständnis für deine Nöte und zeigte keine Neigung, dir in deinem Irrtum beizustehen. Er hätte nicht in Leidenschaft verfallen sollen, aber nach all diesen Jahren des Betens hätte er wenigstens etwas Mitleid entwickeln können."

Das Mantra enthüllt

Der Anhänger des Guru kniete nieder, um in die Schülerschaft aufgenommen zu werden. Der Guru flüsterte das heilige Mantra in sein Ohr und warnte ihn davor, es jemanden zu offenbaren.

„Was geschähe, wenn ich es täte?" fragte der Schüler.

Sagte der Guru: „Jeder, dem du das Mantra enthüllst, wird aus den Fesseln der Unwissenheit und des Leidens befreit werden, aber du selbst wirst aus dem Kreis der Schüler ausgeschlossen und Verdammnis erleiden."

Kaum hatte der Jünger diese Worte vernommen, als er auf den Marktplatz stürzte, eine große Menschenmenge um sich versammelte und das heilige Mantra wiederholte, so daß alle es hören konnten.

Die Schüler berichteten das später dem Guru und verlangten, den Mann wegen Ungehorsams aus dem Kloster auszuweisen.

Der Guru lächelte und sagte: „Er braucht nichts von dem, was ich lehren kann. Sein Handeln zeigt, daß er selbst ein Guru ist."

Der Mittlere Pfad

Als Buddha zu seiner spirituellen Suche aufbrach, führte er ein Leben voller Entbehrungen.
Eines Tages gingen zufällig zwei Musikanten an dem Baum vorbei, unter dem er meditierend saß. Einer sagte zu dem anderen: „Spann die Saiten deiner Sitar nicht zu fest, oder sie werden springen. Und laß sie nicht zu locker hängen, denn dann kannst du darauf keine Musik machen. Halte dich an den Mittleren Weg."

Diese Worte trafen Buddha mit solcher Wucht, daß sie seinen Weg zur Spiritualität grundlegend änderten. Er war überzeugt, daß die Worte für sein Ohr bestimmt waren. Von dieser Minute an gab er alle strengen Grundsätze auf und begann, einen Weg zu verfolgen, der leicht und hell war, den Weg der Mäßigung. Und tatsächlich wird sein Zugang zur Erleuchtung der Mittlere Pfad genannt.

Zwei Sterne über dem Berg

Es war einmal ein sehr strenger Mann, über dessen Lippen weder Speise noch Trank kamen, solange die Sonne am Himmel stand. Ein Zeichen der himmlischen Anerkennung für seine Entbehrungen schien ihm ein heller Stern zu sein, der für alle sichtbar auch bei Tageslicht über einem nahen Berggipfel erstrahlte, obgleich niemand wußte, wie der Stern dorthin gekommen war.

Eines Tages beschloß der Mann, auf den Berg zu steigen. Ein kleines Mädchen aus dem Dorf wollte ihn unbedingt begleiten. Der Tag war warm, und bald wurden die beiden sehr durstig. Er drängte das Kind zu trinken, aber es wollte nicht, wenn er nicht auch tränke. Der arme Mann war in Verlegenheit. Er haßte es, sein Fasten zu brechen, aber er haßte es auch, das Kind unter dem Durst leiden zu sehen. Schließlich trank er, und das Kind mit ihm.

Lange Zeit wagte er nicht, zum Himmel emporzusehen, denn er fürchtete, der Stern sei verschwunden. Man stelle sich deshalb sein Erstaunen vor, als er schließlich wagte, aufzusehen und zwei leuchtende Sterne über dem Berg sah.

MENSCHLICHE NATUR

Einbildung

Menschen reagieren nicht auf das,
was in Wirklichkeit geschieht,
sondern auf Vorstellungen, die sie im Kopf haben ...

Eine Gruppe Touristen, die es aufs flache Land verschlagen hatte, bekam ein Essen vorgesetzt, das ihnen nicht mehr sehr frisch erschien. Bevor sie es selbst aßen, ließen sie einen Hund probieren. Dem schien das Essen zu schmecken, und er zeigte auch keine Nachwirkungen.

Doch am nächsten Tag erfuhren sie, daß der Hund gestorben war. Panik ergriff sie. Viele begannen, sich zu erbrechen, und klagten über Fieber und Durchfall. Ein Arzt wurde gerufen, der die Opfer wegen Lebensmittelvergiftung behandeln sollte.

Der Arzt fragte zunächst, was mit dem Hundekadaver geschehen sei. Es wurde nachgeforscht. Ein Nachbar erklärte beiläufig: „Oh, man warf ihn in einen Graben, weil er von einem Auto überfahren worden war."

Angst tötet

Die Pest war auf dem Weg nach Damaskus und überholte in der Wüste die Karawane eines Häuptlings. „Wohin so schnell?", fragte der Häuptling.

„Nach Damaskus. Ich habe vor, tausend Leben zu nehmen."

Auf ihrem Rückweg von Damaskus kam die Pest wieder an der Karawane vorbei. Der Häuptling sagte: „Fünfzigtausend Leben hast du dahingerafft, nicht tausend."

„Nein", sagte die Pest, „ich nahm tausend. Es war die Angst, die die übrigen nahm."

Nicht zu unterscheiden

Sie sehen nicht, was da ist, sondern das, was ihnen beigebracht wurde zu sehen.

Tommy war gerade vom Strand zurückgekommen. „Waren da noch andere Kinder?" fragte seine Mutter.
„Ja", sagte Tommy.
„Jungen oder Mädchen?"
„Woher soll ich das wissen! Sie hatten nichts an."

Wohin im Aufzug?

Die ungeduldige Witwe drückte auf den Fahrstuhlknopf und wurde wütend, weil der Lift nicht sofort kam.

Als er schließlich eintraf, fuhr sie den Fahrstuhlführer an: „Wo waren Sie denn?"

„Lady, wohin kann man in einem Fahrstuhl gehen?"

Käfig ohne Gitter

Sie werden von geistigen, nicht wirklichen Mauern gefangengehalten.

Ein Bär ging in seinem sechs Meter langen Käfig hin und her.
Als die Gitterstäbe nach fünf Jahren entfernt wurden, ging der Bär weiterhin diese sechs Meter hin und her, als ob der Käfig noch da wäre. Für ihn war er da!

Die letzten paar Kilometer zu Fuß

Zwei Herren, die etwas unsicher auf den Beinen waren, warteten spät nachts ungeduldig an der Bushaltestelle, lange nachdem die Busse den Verkehr eingestellt hatten.

Mehrere Stunden vergingen, ehe sie, sinnlos betrunken, wie sie waren, merkten, daß der letzte Bus schon lange weg war. Aber sie sahen mehrere Wagen im Depot geparkt und beschlossen, einen auszuleihen und selbst nach Hause zu fahren.

Enttäuscht stellten sie fest, daß sie den richtigen Bus nicht finden konnten. „Ist das zu glauben", sagte einer, „da stehen Hunderte von Bussen und nicht ein 36er ist darunter!"

„Das ist jetzt egal", sagte der andere. „Laß uns den 22er bis zur Endhaltestelle nehmen, und die letzten paar Kilometer nach Hause laufen."

Sandwich-Phobie

Sie lieben oder hassen nicht
das Wesentliche der Dinge oder Menschen,
sondern nur ihre äußere Form …

Ein Junge entwickelte eine wahre Sandwich-Phobie. Jedesmal, wenn er einen Sandwich sah, begann er vor Angst zu zittern und zu schreien. Seine Mutter war davon so geschockt, daß sie mit ihm zu einem Therapeuten ging. Der sagte: „Diese Phobie kann leicht beseitigt werden. Nehmen Sie den Jungen nach Hause, und lassen Sie ihn zusehen, wie Sie einen Sandwich machen. Dadurch werden seine albernen Vorstellungen, die er von einem Sandwich hat, aus dem Wege geräumt, und er wird nicht mehr zittern und schreien."

Genau das tat die Mutter. Sie nahm zwei Scheiben Brot in die Hand und sagte: „Hast du davor Angst?" Der Junge sagte: „Nein." Sie zeigte ihm die Butter. Hatte er davor Angst? Nein, keine Angst. Sie ließ ihn zusehen, wie sie die Butter auf das Brot strich. Danach kam das Salatblatt. Hatte er davor Angst? Nein. Der Salat wurde auf das Brot gelegt. Und Tomatenscheiben? Hatte er vor irgend etwas Angst? Nein. Also wurden die Tomaten auf das Salatblatt gelegt. Wie stand es mit Speckstreifen? In Ordnung, also wurden sie obenauf gelegt.

Nun hielt sie die beiden belegten Brotscheiben in den Händen und zeigte sie dem Jungen. Immer noch keine Angst. Aber in dem Augenblick, als sie die Scheiben aufeinanderlegte, um einen Sandwich zu machen, schrie er: „Sandwich! Sandwich!" und begann vor Angst zu zittern.

Wer von beiden ist der Blinde?

Ein junger Mann, blind von Geburt, verliebte sich in ein Mädchen. Alles ging gut, bis ihm ein Freund sagte, daß das Mädchen nicht sehr hübsch war. Von da an verlor er jedes Interesse an ihr. Schlimm genug! Er hatte sie richtig „gesehen", der Freund war blind gewesen.

Der Prüfstein

Man redet gern von freiem, verantwortlichem Verhalten,
beim näheren Hinsehen handelt es sich oft
um keine bewußten, sondern mechanische Antriebe.

Man sagt, nur ein Buch der großen Bibliothek von Alexandria habe den Brand unversehrt überstanden. Es war ein ganz gewöhnliches Buch, langweilig und uninteressant, so daß es für ein paar Pfennige einem armen Mann verkauft wurde, der kaum lesen konnte.

Dieses Buch war aber, wenn auch langweilig und uninteressant, wahrscheinlich das wertvollste Buch der Welt, denn auf der hinteren Innenseite des Schutzumschlages waren in großen klaren Buchstaben ein paar Sätze hingekritzelt, die das Geheimnis des „Prüfsteines" enthielten – eines winzigen Kieselsteines, der alles, mit dem er in Berührung kam, in pures Gold verwandelte.

Aus diesen Sätzen ging hervor, daß dieser kostbare Kiesel irgendwo an der Schwarzmeerküste lag unter Tausenden ähnlicher Kieselsteine mit dem einzigen Unterschied, daß dieser sich warm anfühlte, als ob er lebendig wäre, während alle anderen kalt in der Hand lagen. Der Mann freute sich über sein Glück. Er verkaufte alles, was er hatte, borgte sich eine große Summe Geld, die ein Jahr reichen würde, und reiste ans Schwarze Meer, schlug ein Zelt auf und machte sich daran, in mühevoller Arbeit, den Prüfstein zu suchen.

Er ging folgendermaßen vor: Er hob einen Kieselstein auf, und wenn er sich kalt anfühlte, warf er ihn nicht etwa zurück, denn dann würde er vielleicht denselben Stein dutzendmal aufheben, nein, er warf ihn ins Meer. Jeden Tag verbrachte er Stunden in seinem geduldigen Bemühen: Stein aufheben, wenn er sich kalt anfühlte, ins Meer werfen; einen anderen aufheben ... und so weiter, unentwegt.

So verbrachte er eine Woche, einen Monat, zehn Monate, ein ganzes Jahr. Dann borgte er sich wieder Geld und hielt auf diese Weise noch einmal zwei Jahre durch. Immer das gleiche: Stein aufheben, befühlen, wenn er kalt war, ins Meer. Stunde um Stunde, Tag um Tag, Woche um Woche – kein Prüfstein war darunter. Eines Abends hob er einen Kieselstein auf, er fühlte sich warm an, und aus purer Gewohnheit warf er ihn zurück ins Schwarze Meer.

Eine Frage an den Lama

... und vorprogrammierte Reaktionen

Ein Wissenschaftler hatte zehn Jahre lang die Möglichkeit erforscht, Wasser in Petroleum zu verwandeln. Er war überzeugt, daß ihm nur eine Substanz fehlte, um die Umwandlung durchführen zu können, aber so sehr er auch suchte, die Formel fand er nicht.

Eines Tages erfuhr er, daß in den Bergen von Tibet ein allwissender Lama lebte, der ihm die gesuchte Formel offenbaren könnte.

Es gab jedoch drei Vorbedingungen: Er mußte allein reisen, und die Reise war gefährlich; er mußte zu Fuß reisen, und die Reise war beschwerlich; und wenn er je bis zu dem Lama vordrang, durfte er nur eine einzige Frage stellen.

Er benötigte viele entbehrungsreiche und gefährliche Monate, um dic crsten beiden Bedingungen zu erfüllen. Und als er schließlich vor den Lama geführt wurde, stelle man sich sein Erschrecken vor, als er keinen verhutzelten alten Mann vor sich sah, den er erwartet hatte, sondern eine attraktive junge Frau, schöner, als er sie sich je hätte vorstellen können.

Sie lächelte ihn liebevoll an und sagte mit einer in seinen Ohren himmlisch klingenden Stimme: „Herzlichen Glückwunsch, Reisender! Ihr habt den Weg zu unserer Bergfeste gefunden. Wie lautet nun Eure Frage?"

Zu seinem eigenen großen Erstaunen hörte sich der Forscher sagen: „Madame, darf ich fragen, ob Sie verheiratet sind?"

Lieben Suppie?

Anstatt die Wirklichkeit zu begreifen, reagieren sie mit Klischees ...

Auf dem Abschlußessen einer internationalen Konferenz wandte sich der amerikanische Delegierte zu dem neben ihm sitzenden chinesischen, zeigte auf die Suppe und fragte etwas herablassend: „Lieben Suppie?"

Der Chinese nickte eifrig.

Später hieß es dann: „Lieben Fischie, und lieben Fleischie?" – und immer war die Antwort ein freundliches Nicken.

Am Ende des Essens stellte der Vorsitzende der Konferenz den Gastredner des Abends vor – keinen anderen als den Chinesen, der eine geistreiche, humorvolle Rede in untadeligem Englisch hielt zum großen Erstaunen seines amerikanischen Nachbarn.

Als der Vortrag beendet war, wandte sich der Redner seinem Nachbarn zu und fragte, amüsiert lächelnd: „Lieben Redie?"

Rebhühner für einen Richter

... oder starren Prinzipien

Zwei Jäger hatten eine Klage gegeneinander angestrengt. Einer fragte seinen Rechtsanwalt, ob es nicht eine gute Idee wäre, dem Richter ein Paar Rebhühner zu schicken. Der Rechtsanwalt war entsetzt: „Dieser Richter ist stolz auf seine Unbestechlichkeit", sagte er, „eine solche Geste hätte genau die gegenteilige Wirkung der von Ihnen beabsichtigten."

Nachdem der Prozeß vorüber – und gewonnen – war,

lud der Mann seinen Rechtsanwalt zum Essen ein und dankte ihm für den Rat hinsichtlich der Rebhühner.

„Wissen Sie", sagte er, „ich habe sie dem Richter doch geschickt im Namen unseres Gegners."

Moralische Empörung kann genauso blind machen wie Korruption.

Lincolns Schönheit

... oder auf äußeren Schein

Ein kleines Mädchen, dem erzählt worden war, daß Lincoln nicht sehr gut aussah, ging mit ihrem Vater in das Weiße Haus, um den Präsidenten zu sehen.

Lincoln nahm sie auf den Schoß und plauderte eine Zeitlang mit ihr in seiner sanften humorvollen Art. Plötzlich rief das kleine Mädchen: „Daddy! Er ist überhaupt nicht häßlich. Er ist wunderschön."

Schwarze Luftballons genauso gut?

Ein kleiner schwarzer Junge beobachtete den Luftballonverkäufer auf einem Jahrmarkt. Der Mann war offensichtlich ein guter Verkäufer, denn er ließ einen roten Ballon hoch in die Luft steigen und lockte so eine Menge interessierter junger Käufer an.

Dann ließ er einen blauen Ballon steigen, dann einen gelben und schließlich einen weißen. Alle stiegen hoch in die Lüfte, bis sie verschwanden. Der kleine schwarze Junge betrachtete den schwarzen Ballon eine ganze Weile und fragte dann: „Sir, wenn Sie den schwarzen lossausen ließen, würde er genauso hoch steigen wie die anderen?"

Der Luftballonverkäufer lächelte den Jungen verständnisvoll an. Er durchschnitt die Schnur, die den schwarzen Ballon hielt, und als dieser hochstieg, sagte er: „Es ist nicht die Farbe, mein Junge. Was drinnen ist, läßt ihn steigen."

Goldstein und Murphy

... oder Etiketten

Isaak Goldstein traf zufällig seinen Vetter in New York. „Wie geht's bei dir?" fragte er.

„Hast du nicht gehört?" fragte der Vetter. „Ich bin Partner in der Firma Goldstein und Murphy."

„Goldstein und Murphy? Das ist doch fabelhaft! Typisch Amerika! Menschen verschiedener Nationalität werden Geschäftspartner. Aber ich muß doch gestehen, daß ich etwas erstaunt bin."

„Du sagst erstaunt? Da kann ich dir eine noch größere Überraschung bieten. Ich bin Murphy."

Seitenverkehrt

Eine russische Arbeiterdelegation besuchte eine Fabrik in Detroit. Der Leiter fragte den Vorarbeiter, wie viele Stunden ein amerikanischer Arbeiter wöchentlich arbeite.

„Vierzig", antwortete der Vorarbeiter.

Der Russe schüttelte den Kopf. „In meinem Land", sagte er, „arbeitet der Durchschnittsarbeiter sechzig Stunden in der Woche."

„Sechzig Stunden?" rief der Amerikaner. „Nie könnte man die Leute in diesem Werk dazu bewegen, soviel zu arbeiten. Sie sind ein Haufen Roter!"

Eine Messe für einen Hund

... jedenfalls manchmal!

Ein Mann sagte zu seinem Gemeindepfarrer: „Mein Hund ist gestern gestorben, Father. Können Sie für die Ruhe seiner Seele eine Messe lesen?"

Der Priester war empört. „Wir lesen hier keine Messen für Tiere", sagte er scharf. „Sie könnten es bei der neuen Sekte weiter unten auf der Straße versuchen. Die werden wahrscheinlich für Ihren Hund beten."

„Ich liebte den kleinen Kerl", sagte der Mann, „und ich würde ihm gern einen anständigen Abschied bereiten. Ich weiß nicht, was man im allgemeinen bei solchen Gelegenheiten zahlt, aber würden Sie 500 000 Dollar für angemessen halten?"

„Einen Augenblick", sagte der Priester, „Sie haben mir nie gesagt, daß Ihr Hund katholisch war."

Es geht um den Ruf

Sie sind stolz auf ihren Überblick,
den sie dann auf erstaunliche Art und Weise
demonstrieren:

Ein Gouverneur besuchte ein staatliches Gefängnis und sprach mit einem Landstreicher, der um Begnadigung gebeten hatte.

„Was haben Sie auszusetzen an diesem Platz? Sie sind hier viel besser untergebracht, als Sie es je zuvor waren. Stimmt's?"

„Ja, Sir", lautete die Antwort, „aber trotzdem möchte ich gerne raus."

„Bekommen Sie nicht anständig zu essen?"

„Doch, gewiß. Das ist es nicht."

„Was ist es dann?"

„Ich habe nur einen Einwand gegen diese Einrichtung: Es geht um den Ruf, den sie im ganzen Staat hat."

Ehrenhalber

Ein Reporter fragte mehrere Leute in einer kleinen Stadt, ob sie den Bürgermeister kennen würden.

„Er ist ein Lügner und Betrüger", sagte der Tankstellenwärter.

„Er ist ein aufgeblasener Kerl", sagte der Lehrer.

„Ich habe ihn noch nie gewählt", sagte der Drogist.

„Der korrupteste Politiker, den ich kenne", sagte der Friseur.

Als der Reporter schließlich den Bürgermeister traf, fragte er ihn, wie er bezahlt würde.

„Um Himmels willen, ich bekomme kein Gehalt", sagte der Bürgermeister.

„Warum haben Sie dann den Job übernommen?"

„Ehrenhalber."

Ein Drink genügt

Ein Mann in der Bar wandte sich zu dem neben ihm sitzenden Fremden und sagte: „Ich verstehe es einfach nicht. Ich brauche nur einen kleinen Drink, nur einen einzigen kleinen Drink, und schon bin ich betrunken."

„Wirklich? Nur einen?"

„Ja. Und gewöhnlich ist es der achte."

Reserve vorhanden

In Las Vegas trat ein Mann auf einen wohlhabend aussehenden Fremden zu und sagte: „Können Sie 25 Dollar für mich erübrigen, Sir? Ich habe schon zwei Tage nichts gegessen und habe auch keinen Platz zum Schlafen."

„Woher soll ich wissen, daß Sie das Geld nicht verspielen?"

„Ausgeschlossen!" sagte der Mann, „Geld fürs Glücksspiel habe ich dabei."

Junge Hunde abzugeben

Ein Ehepaar überlegte, wie es fünf niedliche junge Hunde loswerden könnte, die es gerade bekommen hatte. Der Mann machte eine Runde durch die Stadt und wollte sie verschenken, aber niemanden interessierten sie.

Das Ehepaar ließ über den Lokalsender bekanntmachen, daß sie junge Hunde mit Stammbaum verschenken wollten. Niemand reagierte.

Schließlich riet ihnen ein Nachbar, sie auszuschreiben. Also ließen sie über Radio durchsagen, sie hätten junge Hunde für 25 Dollar das Stück abzugeben. Noch am gleichen Tag waren alle Hunde verkauft.

Auto nur mit Radio

Zwei interessierte Käufer kamen auf ein Gebrauchtwagengelände und begannen sich umzusehen. Der Verkäufer fing ein Verkaufsgespräch an, als einer der beiden eine Karte herauszog, auf der zu lesen war: „Wir sind leider taubstumm."

Also ergriff der Verkäufer einen Schreibblock und begann, die Vorzüge der Wagen, an denen sie Interesse zeigten, aufzuschreiben. Sie entschieden sich schließlich für einen hübschen kleinen Volkswagen.

Sie machten eine Probefahrt um den Block und schienen so angetan davon zu sein, daß der Kauf so gut wie abgeschlossen war. Aber als sie zu dem Verkaufsgelände zurückkamen, schüttelten sie beide heftig den Kopf. Nein, er sei nicht gut.

Der Verkäufer kritzelte auf den Block: „Warum? Was paßt Ihnen nicht?"

Einer von ihnen ergriff den Schreibblock und schrieb: „Kein Radio."

Der Geist und die Sojabohnen

Es ist im übrigen erstaunlich zu sehen,
wie sie ihre Phantasie benutzen ...

Wenn du je wieder heiratest oder eine Geliebte hast, wenn ich tot bin, werde ich zurückkommen und spuken", sagte eine Frau auf dem Totenbett zu ihrem Mann.

Als er also einige Monate nach dem Tode seiner Frau sich wieder verliebte, war er entsetzt, aber nicht überrascht, als der Geist seiner Frau in der Nacht ins Haus kam und ihn bitter der Untreue zieh.

So ging das jede Nacht, bis er es nicht mehr aushalten konnte und einen Zen-Meister um Rat fragte. Dieser sagte: „Was macht dich so sicher, daß es ein Geist ist?"

„Die Tatsache, daß sie alles, was ich gesagt und getan, gedacht und gefühlt habe, weiß und beschreiben kann."

Der Meister gab dem Mann eine Tüte voll Sojabohnen und sagte: „Achte darauf, daß du die Tüte nicht öffnest, und wenn sie heute nacht kommt, frag sie, wie viele Bohnen in der Tüte sind."

Als der Mann dem Geist diese Frage stellte, floh dieser

und kam nie wieder. „Warum?“ fragte der Mann den Meister.

Der Meister lächelte: „Ist es nicht seltsam, daß dein Geist nur das wußte, was du wußtest?“ fragte er.

Der Geist und die Wölfe

Ein Mann in Rußland ging mit seiner Frau in den Wald, angeblich, um Wölfe zu jagen. Aber als die Wölfe auftauchten, lief er davon und ließ sie im Stich. Am nächsten Morgen hängte er einen Kranz an die Haustür und begann zu trauern – doch nicht sehr lange, weil er eine Geliebte hatte, die er sechs Monate später heiratete.

In der Hochzeitsnacht erschien seine frühere Frau und rief: „Hilfe! Hilfe! Hilfe!“ Zu seinem Erstaunen sah und hörte seine neue Frau nichts. Jede Nacht kam die Frau jetzt wieder und schrie um Hilfe, bis der Mann es nicht länger ertragen konnte. Eines Nachts ergriff er sein Gewehr und lief der Frau nach, in der Absicht, sie ein zweites Mal umzubringen. Sie lief in den Wald. Er folgte ihr, stolperte, und das Gewehr fiel zu Boden. In diesem Augenblick kamen die Wölfe und machten seinem Leben ein Ende.

Lieber Ärger als Nachtisch

... und ihre Gefühle

Ein Reisender gab dem Speisewagenkellner seine Bestellung auf. „Zum Nachtisch“, sagte er, „möchte ich Obsttörtchen und Eis.“

Der Kellner sagte, sie hätten keine Obsttörtchen. Der Mann explodierte. „Was? Keine Törtchen? Das ist absurd. Ich bin einer der besten Kunden dieser Eisenbahnlinie. Jedes Jahr organisiere ich Reisen für Tausende von Touristen und lasse Hunderte von Tonnen Fracht mit der Bahn befördern. Und wenn ich selbst einmal mit dieser Linie reise, kann ich noch nicht einmal einfache Obsttörtchen bekommen! Ich werde das mit dem Vorstand besprechen."

Der Küchenchef rief den Kellner zu sich und sagte: „Wir können ihm diese Törtchen bei der nächsten Station besorgen."

Gleich nach dem nächsten Halt ging der Kellner noch einmal zu dem Reisenden. „Ich bin glücklich, Ihnen sagen zu können, Sir, daß unser Küchenchef diese Törtchen speziell für Sie gemacht hat. Er hofft, sie werden Ihnen schmecken. Und außerdem erlauben wir uns, Ihnen dazu diesen 75 Jahre alten Cognac anzubieten mit Empfehlungen von der Eisenbahngesellschaft."

Der Reisende warf seine Serviette auf den Tisch, ballte die Faust und schrie: „Zum Teufel mit den Törtchen! Ich möchte wütend sein!"

Wie leer wäre unser Leben,
wenn wir uns über nichts aufregen könnten!

Ein Stück Brot

Der Mann war ein regelmäßiger Kunde, und das Management tat alles, um ihn zufriedenzustellen. Als er sich deshalb eines Tages beschwerte, daß er zu seinem Gericht nur eine Scheibe Brot erhielt, brachte ihm der Kellner sofort vier weitere Scheiben.

„Das ist gut", sagte er, „aber nicht genug. Ich esse gerne Brot, und zwar viel."

Am nächsten Abend erhielt er also ein Dutzend Brotscheiben. „Gut", sagte er, „aber sind Sie nicht immer noch ein bißchen sparsam?"

Sogar ein ganzer Korb voll Brot am nächsten Tag genügte ihm nicht.

Der Manager beschloß, ihm eines auszuwischen. Er ließ einen riesigen Brotlaib backen, speziell für ihn: 1,80 m lang und 90 cm breit. Der Manager brachte ihn selbst mit Hilfe von zwei Kellnern herein und legte ihn auf einen Nebentisch. Dann wartete er auf die Reaktion.

Der Mann starrte auf den riesigen Brotlaib, blickte dann den Manager an und sagte: „Wir sind also wieder bei einem Stück angelangt."

Ein Meisterwerk

... und wie stolz sie sich fühlen,
meistens aus den falschen Gründen,

Freunde des Komponisten George Gershwin versuchten, seinem Vater klarzumachen, daß die „Rhapsodie in Blue" ein Meisterwerk sei.

„Klar", sagte der alte Mann. „Die Aufführung dauert nur fünfzehn Minuten, nicht wahr?"

Insekten können das auch

... auf ihre Leistungen

Ein Missionar in den Tropen wollte seinen Pfarrkindern imponieren, indem er einige von ihnen auf einen Flug mitnahm. Die Maschine glitt über ihre Dörfer und Hügel, Wälder und Flüsse. Gelegentlich blickten sie aus dem Fenster, aber im ganzen schienen sie nicht allzusehr beeindruckt.

Als sie wieder festen Boden unter den Füßen hatten, verließen seine Schäfchen das Flugzeug ohne ein Wort.

Begierig, wenigstens eine Reaktion zu bekommen, rief der Missionar: „War es nicht wunderbar? Bedenkt, was Menschen erreicht haben! Da schwebten wir hoch am Himmel, über Häusern, Bäumen und Bergen und konnten hinunter auf die Erde blicken!"

Die Gruppe hörte gelassen zu. Schließlich ergriff ihr Ältester das Wort: „Insekten können es auch", sagte er.

„Und mehr noch, sie sind glücklich!"
Sagte der Psychologe zu dem Patienten:
„Sorry, ich kann Ihnen zwar helfen,
Ihr Verhalten zu ändern,
aber die Natur braucht ihre Zeit
und folgt ihrem eigenen Rhythmus."

Vollbremsung für ein U-Boot

Und überdies kann ich Ihr Problem nicht wirklich lösen ...

Der Kapitän eines U-Bootes, der die Besatzung seines Maschinenraumes testen wollte, befahl äußerste Kraft voraus und kurz darauf eine Vollbremsung. Die Befehle wurden prompt ausgeführt.

Die Lautsprecheranlage wurde eingeschaltet: „Hier spricht der Kapitän: ‚Gut gemacht, Maschinenraum! Ihr habt das Boot in genau 55,05 Sekunden gestoppt.'"

Dann erdröhnte eine andere Stimme: „Hier spricht der Küchenchef. Das Boot ist zwar gestoppt, aber Ihre Steaks und Kartoffeln haben sich selbständig gemacht. Kalte Küche heute abend!"

Die Bombe unter dem Sitz

... Ich kann es nur gegen ein anderes austauschen ...

Kurz nach dem Zweiten Weltkrieg bemerkte ein Londoner Busfahrer einen Passagier, der ein schweres Paket auf den Knien hielt.

„Was haben Sie denn da?" fragte er.

„Eine nicht explodierte Bombe, die neben mein Haus fiel. Ich will sie zur Polizei bringen."

„Um Himmels willen! Sie werden doch nicht so ein Ding auf ihren Knien halten, Mann! Legen Sie es unter Ihren Sitz."

Die Lösung eines Problems verändert das Problem ...

Psychiatrische Behandlung

... oder verstärkt es

Arzt zum Patienten: „In den letzten zehn Jahren habe ich Sie wegen Schuldgefühlen behandelt. Und immer noch fühlen Sie sich wegen einer solchen Kleinigkeit schuldig? Sie sollten sich schämen!"

Arbeitssüchtig

Ein Mann ging zu einem Psychiater, und der diagnostizierte, er sei arbeitssüchtig. Daraufhin mußte er eine zweite Arbeit annehmen, um die Therapie bezahlen zu können.

Wie alt?

Zwei kleine Jungen unterhielten sich.
„Wie alt bist du?"
„Ich bin fünf. Wie alt bist du?"
„Weiß ich nicht."
„Du weißt nicht, wie alt du bist?"
„Nee."
„Machen dir Frauen zu schaffen?"
„Nee."
„Dann biste vier."

Frauen – kein Thema

Ein Reporter sollte vom Mann auf der Straße erkunden, was er von der modernen Frau hält. Die erste Person, die er traf, war ein Mann, der gerade seinen 103. Geburtstag gefeiert hatte.

„Ich fürchte, ich kann Ihnen nicht weiterhelfen", sagte der alte Mann bedauernd. „Vor ungefähr zwei Jahren habe ich aufgegeben, über Frauen nachzudenken."

BEZIEHUNGEN

Theodore Roosevelt und der Jäger

Das Gespräch ist der Lebensnerv einer Beziehung, aber der Hindernisse gibt es viele, und nur wenige können sie überwinden.
Viel wäre schon gewonnen, wenn wir weniger redeten und mehr zuhörten …

Präsident Theodore Roosevelt war ein leidenschaftlicher Großwildjäger. Als er erfuhr, daß ein berühmter englischer Jäger die Vereinigten Staaten besuchte, lud er ihn ins Weiße Haus ein in der Hoffnung, einige Tips von ihm zu bekommen.

Nach dem zweistündigen Treffen hinter verschlossenen Türen kam der Engländer etwas benommen heraus.

„Was haben Sie dem Präsidenten gesagt?" fragte ein Reporter.

„Meinen Namen", sagte der erschöpfte Besucher.

Schweigen ist Gold

Als Calvin Coolidge Präsident der Vereinigten Staaten war, sah er täglich eine Menge Leute. Die meisten hatten irgendwelche Beschwerden.

Eines Tages sagte ein Gouverneur dem Präsidenten, daß er nicht verstehe, wie er es fertigbringe, so viele Leute in wenigen Stunden anzuhören.

„Sie sind immer zur Essenszeit mit Ihren Besuchern fertig", sagte der Gouverneur, „während ich oft bis Mitternacht in meinem Büro bin."

„Ja", sagte Coolidge, „das kommt daher, weil Sie reden."

… und uns davor hüteten, schon vorher zu wissen, worüber der andere redet

Rein oder raus

... und was der andere will

Zwei Lieferwagen standen mit den Ladeflächen gegeneinander, und ein Fahrer mühte sich ab, eine große Kiste von einem Wagen zum anderen zu befördern.

Ein Passant, der seine verzweifelten Anstrengungen sah, bot seine Hilfe an. Die beiden keuchten und schnauften über eine halbe Stunde und mühten sich ab, ohne Erfolg.

„Ich fürchte, es hat keinen Zweck", keuchte der freiwillige Helfer. „Wir werden die Kiste nie aus diesem Wagen herausbekommen."

„Raus?" schrie der Fahrer, „Großer Gott, ich will sie nicht heraus haben, sondern hinein."

Woher kommt Arthritis?

... und nicht die Antwort schon parat haben, noch ehe wir die Frage kennen ...

Der ortsbekannte Trinker schwankte mit einer Zeitung in der Hand auf den Pfarrer zu und grüßte ihn höflich. Der Pfarrer, ärgerlich, weil der Mann leicht betrunken war, übersah den Gruß.

Der verfolgte jedoch etwas Bestimmtes. „Entschuldigen Sie, Father", sagte er, „könnten Sie mir sagen, wodurch Arthritis hervorgerufen wird?" Der Pfarrer wußte das auch nicht.

Aber als der Mann die Frage wiederholte, wandte sich der Pfarrer ihm ungeduldig zu und sagte: „Trinken verursacht Arthritis, genau das! Glücksspiel verursacht Arthritis! Leichten Frauen hinterherlaufen verursacht Arthritis ..." Und erst jetzt, zu spät, fügte er hinzu: „Warum haben Sie gefragt?"

„Weil in der Zeitung steht, daß der Papst Arthritis hat!"

Regen bestellt

... oder annehmen, wir wüßten, worüber der andere spricht

Ein Ladenbesitzer hörte einen seiner Verkäufer zu einer Kundin sagen: „Nein, Madam, seit einigen Wochen haben wir schon keinen mehr gehabt, und es sieht nicht so aus, als wenn wir ihn bald bekämen."

Entsetzt über diese Worte stürzte er zu der hinausgehenden Kundin und sagte: „Das stimmt nicht, Madam. Bestimmt werden wir ihn bald bekommen. Tatsächlich haben wir ihn schon vor einigen Wochen bestellt."

Dann nahm er den Verkäufer beiseite und knurrte: „Nie, nie, niemals dürfen Sie sagen, daß wir etwas nicht haben. Wenn wir es nicht haben, sagen Sie, wir hätten es bestellt und es sei unterwegs. Was wollte sie eigentlich?"

„Regen", sagte der Verkäufer.

... oder den Worten des anderen unsere Bedeutung unterlegen

Ich habe dich auch satt

... aber leider hören wir häufig nicht einmal auf das, was der andere sagt

Es war der Tag der goldenen Hochzeit. Das Paar war den ganzen Tag über mit den vielen Verwandten und Freunden, die vorbeikamen, um zu gratulieren, auf Trab gehalten worden. So waren sie froh, als sie gegen Abend allein vor dem Haus sitzen und der untergehenden Sonne zusehen konnten, um sich von dem anstrengenden Tag zu erholen.

Der alte Mann blickte seine Frau liebevoll an und sagte: „Agatha, ich bin stolz auf dich!"

„Was hast du gesagt?" fragte die alte Dame. „Du weißt doch, ich höre schlecht. Sprich lauter."

„Ich sagte, ich bin stolz auf dich."

„Macht nichts", erwiderte sie mit einer abfälligen Handbewegung, „ich habe dich auch satt!"

Gutes Zuhören heißt nicht so sehr,
anderen zuzuhören, als sich selbst.
Eine gute Sicht zu haben
heißt nicht so sehr, andere zu sehen,
sondern sich selbst.

Denn die, die sich nicht selbst zuhören,
können die anderen nicht verstehen;
und sie sind blind gegenüber der Wirklichkeit anderer,
wenn sie nicht in sich selbst eingedrungen sind.
Ein guter Zuhörer versteht selbst dann,
wenn nichts gesagt wird.

Zuhören können

Frau zum Ehemann, der in die Zeitung vertieft ist: „Du brauchst nicht immer weiter ‚ha, ha' zu sagen. Ich habe schon vor zehn Minuten aufgehört zu sprechen."

Liebe Verwandte

... und wir sprechen kaum je über die gleichen Dinge

Liebling", sagte die Frau, „ich schäme mich, wie wir leben. Vater bezahlt die Miete für das Haus, der Bruder schickt Lebensmittel und Geld für die Kleidung, der Onkel bezahlt unsere Wasser- und Stromrechnungen, und unsere Freunde versorgen uns mit Theaterkarten. Wirklich, ich beklage mich nicht, aber ich denke, wir könnten mehr leisten."

„Natürlich können wir das", sagte der Ehemann. „Ich habe auch in letzter Zeit darüber nachgedacht. Du hast einen Bruder und zwei Onkel, die uns nicht einen Pfennig schicken."

Wo wird der Affe leben?

... stimmt's?

Nasrudins Frau wollte gerne ein Haustier. Also kaufte sie einen Affen.
Nasrudin war nicht begeistert. „Was wird er fressen?" fragte er.

„Genau dasselbe, was wir essen", sagte die Frau.

„Und wo soll er schlafen?"

„Im Bett mit uns."

„Mit uns? Und der Geruch?"

„Wenn ich es aushalte, wird es der Affe wahrscheinlich auch."

Johnny und der Ziegenbock

Der sicherste Weg, eine Beziehung zu töten, ist, stets auf dem eigenen Willen zu bestehen

Johnny war ein stämmiger robuster Junge von drei Jahren. Er freundete sich mit Ziegenbock Billy von nebenan an. Jeden Morgen rupfte er etwas Gras und Salatblätter ab und brachte sie Billy zum Frühstück. Ihre Freundschaft wurde so eng, daß Johnny sich stundenlang in Billys freundlicher Gesellschaft aufhielt.

Eines Tages kam Johnny auf die Idee, ein anderes Menü würde Billy guttun. Also ging er mit Rhabarber anstatt mit Salat zu seinem Freund. Billy knabberte ein bißchen am Rhabarber, stellte fest, daß er ihn nicht mochte, und schob ihn weg. Johnny ergriff Billy an einem Horn und versuchte, ihn dazu zu bringen, den Rhabarber zu fressen. Dieses Mal stieß Billy seinen Freund weg, zunächst ganz sanft, aber als Johnny insistierte, stieß er fest zu, so daß Johnny stolperte und mit einem Bums auf sein Hinterteil fiel.

Johnny war so beleidigt, daß er sich abbürstete, Billy wütend anblickte und nie wieder zu ihm kam. Einige Tage später, als sein Vater ihn fragte, warum er nie mehr hinüber ging, um mit Billy zu schwatzen, erwiderte Johnny: „Weil er mich zurückgewiesen hat."

Beruhigungspillen

Nur zu oft sehen wir die Menschen nicht,
wie sie sind, sondern wie wir sind.

Eine aktive junge Frau fühlte sich gestreßt und überanstrengt. Der Arzt verschrieb ihr Tranquilizers und sagte, sie solle nach einigen Wochen wiederkommen.

Als sie das nächste Mal kam, fragte er sie, ob sie sich besser fühle. Sie sagte: „Nein, aber ich habe festgestellt, daß die anderen Leute viel entspannter zu sein scheinen."

Keine gute Hausfrau

Eine Frau beschwerte sich bei einer Freundin, die sie besuchte, daß ihre Nachbarin keine gute Hausfrau sei. „Du solltest sehen, wie schmutzig ihre Kinder sind – und ihr Haus. Es ist beinahe eine Schande, in der Nachbarschaft zu wohnen. Sieh dir bloß einmal die Wäsche an, die sie draußen auf die Leine gehängt hat. Man erkennt deutlich die schwarzen Streifen auf den Laken und den Handtüchern."

Die Freundin ging zum Fenster und sagte: „Ich glaube, die Wäsche ist ganz sauber, meine Liebe. Die Streifen sind auf deinen Fensterscheiben."

Gesangsunterricht mit Nachhall

Eine Frau nahm Gesangsunterricht. Sie hatte eine solch kreischende Stimme, daß ihr Nachbar es nicht mehr aushalten konnte. Schließlich nahm er allen Mut zusammen, klopfte an ihre Tür und sagte: „Madam, wenn Sie nicht mit dem Singen aufhören, werde ich noch verrückt."

„Was reden Sie da?" antwortete die Frau. „Ich habe schon seit zwei Stunden aufgehört."

Wenn er nun nein sagt?

Samuel war sehr niedergeschlagen, und es war ihm nicht zu verdenken. Sein Vermieter hatte ihm die Wohnung gekündigt, und er wußte nicht, wohin. Plötzlich hatte er eine Idee. Er könnte eigentlich bei seinem guten Freund Moshe wohnen. Dieser Gedanke beruhigte Samuel, bis ihm ein anderer Gedanke durch den Kopf schoß, nämlich: „Was macht dich so sicher, daß Moshe dich in seiner Wohnung aufnehmen wird?" – „Warum sollte er nicht?" sagte Samuel etwas gereizt zu dem Gedanken. „Schließlich habe ich die Wohnung gefunden, wo er jetzt lebt, habe ihm sogar das Geld vorgestreckt, damit er die Miete für die ersten sechs Monate bezahlen konnte. Das ist doch wirklich das wenigste, was er tun könnte, mich für ein oder zwei Wochen aufzunehmen, wenn es nötig ist."

Damit war die Sache erledigt, bis er nach dem Essen wieder von dem Gedanken heimgesucht wurde: „Angenommen, er weigerte sich?" – „Weigern?" sagte Samuel. „Warum in Gottes Namen sollte er sich weigern? Er verdankt mir alles, was er hat. Ich habe ihm auch seinen Job verschafft; ich habe ihn mit dieser schönen Frau bekannt gemacht, die nun seine Ehefrau ist und ihm die drei Söhne geboren hat, auf die er so stolz ist. Und er soll mir ein Zimmer für eine Woche verweigern? Unmöglich."

Damit war für Samuel die Angelegenheit erledigt, bis er ins Bett ging und nicht einschlafen konnte, weil der Gedanke zurückkehrte und sagte: „Angenommen, er weigert sich. Was dann?" Das war zuviel für Samuel. „Wie zum Teufel könnte er sich weigern", sagte er, und Wut stieg in ihm hoch. „Wenn der Mann heute noch lebt, verdankt er es mir. Ich rettete ihn als Jungen vor dem Ertrinken. Sollte er so undankbar sein, mich mitten im Winter auf die Straße zu schicken?"

Doch der Gedanke war hartnäckig. „Bloß einmal angenommen ..."

Der arme Samuel schlug sich damit herum, solange er konnte. Schließlich stand er morgens gegen zwei Uhr auf, ging in Moshes Wohnung, drückte so lange auf die Klingel, bis Moshe halb im Schlaf die Tür öffnete und erstaunt fragte: „Samuel! Was ist los? Warum kommst du mitten in der Nacht hierher?"

Samuel war mittlerweile so wütend, daß er sich nicht beherrschen konnte, und brüllte: „Ich werde dir erzählen, was mich mitten in der Nacht hierher bringt. Wenn du denkst, daß ich dich bitten werde, mich auch nur für einen einzigen Tag unterzubringen, täuschst du dich. Ich will mit dir nichts zu tun haben, mit dir, deinem Haus, deiner Frau oder deiner Familie. Fahrt doch alle zur Hölle!" Mit diesen Worten machte er auf dem Absatz kehrt und ging davon.

Ich verspreche es

Wir sehen sie meistens durch die Brille unserer vorgefaßten Meinungen

Chef: „Sie sehen erschöpft aus. Was ist los?"

Sekretärin: „Also ... nein, Sie würden es nicht glauben, wenn ich es Ihnen sagte."

„Natürlich würde ich es glauben."

„Nein, das würden Sie nicht, das weiß ich."

„Ich werde Ihnen bestimmt glauben, ich verspreche es."

„Also gut, ich habe heute zuviel gearbeitet."

„Das glaube ich nicht."

Auf Treu und Glauben

Ein Freund bat Nasrudin um eine Summe Geldes. Nasrudin war überzeugt, das Geld würde nicht zurückgegeben werden. Aber da er seinen Freund nicht beleidigen wollte und die erbetene Summe nicht groß war, gab er ihm das Geld. Zu seinem großen Erstaunen erhielt er das Geld genau nach einer Woche zurück.

Einen Monat später bat der Freund noch einmal um eine ein wenig höhere Summe. Nasrudin weigerte sich. Als der Mann nach dem Grund fragte, sagte er: „Letztes Mal habe ich nicht erwartet, daß du mir das Geld zurückgeben wirst – und du hast mich enttäuscht. Dieses Mal erwarte ich, daß du das Geld zurückgibst – und ich möchte nicht wieder enttäuscht werden."

Schreib leserlich!

Die Fehler, die wir in ihnen sehen, sind meistens unsere eigenen

Entschuldigung, Sir", sagte ein schüchterner Student, „ich konnte nicht entziffern, was Sie in meiner letzten Hausarbeit an den Rand geschrieben haben."

„Ich habe Ihnen geraten, leserlich zu schreiben", sagte der Lehrer.

Verschwommen

Liebling", sagt eine Frau auf einer Party zu ihrem Mann, „trink lieber nicht mehr. Du siehst schon so verschwommen aus."

Der Verlobungsring ist nicht betroffen

Es gibt nur wenige Beziehungen, in der ein Partner nicht versucht, etwas bei dem anderen herauszuholen

Ich habe gehört, du hast deine Verlobung mit Tom gelöst. Was ist passiert?"
„Meine Gefühle ihm gegenüber haben sich verändert. Das ist es."

„Willst du ihm nicht seinen Verlobungsring zurückgeben?"

„Aber nein! Meine Gefühle gegenüber dem Ring haben sich nicht verändert."

Notwendige Änderungen

Eine junge Frau rief ein Papiergeschäft an. „Erinnern Sie sich an die Vermählungsanzeigen, die ich letzte Woche bestellt habe? Ich wollte Sie fragen, ob man noch einige Änderungen vornehmen kann."

„Sagen Sie mir, was zu ändern ist, und ich werde sehen, ob es geht", sagte der Ladenbesitzer.

„O.K. Es ist ein anderes Datum, eine andere Kirche und ein anderer Mann."

Es ist ganz unmöglich, glücklich verheiratet zu sein, wenn man sich nicht zuerst von sich selbst scheiden läßt.

Das ist das erste Mal

Ein Farmer beschloß, es sei an der Zeit, zu heiraten, also sattelte er seinen Maulesel und machte sich auf den Weg in die Stadt, um sich dort eine Frau zu suchen. Nach einer gewissen Zeit traf er eine Frau, die er für die richtige hielt, und die beiden heirateten.

Nach der Zeremonie kletterten sie beide auf das Maultier und machten sich auf den Heimweg zur Farm. Nach einer Weile blieb das Tier stehen und weigerte sich, weiterzugehen. Also stieg der Bauer ab und schlug das Tier mit einem großen Stock, bis es sich wieder in Bewegung setzte.

„Das ist das erste Mal", sagte der Farmer.

Einige Meilen weiter blieb das Tier wieder stehen, und wieder stieg der Bauer ab und schlug das Tier, bis es weiterging. „Das ist das zweite Mal", sagte er.

Nach einigen Meilen blieb das Tier zum dritten Mal stehen. Nun stieg der Farmer ab, holte seine Frau auch herunter, zog seine Pistole und schoß das Maultier in den Kopf, so daß es auf der Stelle tot war.

„Du bist dumm und grausam", rief die Frau. „Das war ein gutes kräftiges Tier, das auf dem Hof sehr nützlich gewesen wäre, und nun hast du es in einem Wutanfall getötet. Hätte ich gewußt, was du für ein hartherziger Mann bist, hätte ich dich nie geheiratet ...", und so ging's weiter fast zehn Minuten lang.

Der Farmer ließ sie reden, bis sie eine Pause machte, um Luft zu holen. Dann sagte er: „Das ist das erste Mal."

Die Geschichte geht weiter, daß sie glücklich und zufrieden miteinander lebten.

Um des Friedens willen

Du siehst so müde aus, Jack, was ist los?"
„Ich bin erst früh morgens nach Hause gekommen, und gerade als ich mich auszog, wachte meine Frau auf und sagte: ‚Stehst du nicht viel zu zeitig auf, Jack?' Um keinen Ärger zu machen, zog ich mich wieder an und ging zur Arbeit."

Gesprächig

Zwei Hippies, die sich high fühlten, schlenderten eine Straße hinunter. Ein anderer Hippie kam ihnen entgegen, hob sanft die Hand und sagte: „He, ihr da!"

Vier Straßen weiter sagte der eine Hippie zum anderen: „Ich dachte, der hört nie auf zu reden."

Reaktionen sind relativ

Schon zuviel gesagt

... oder etwa nicht?

Ein Bauernjunge war so schweigsam, daß seine Freundin nach fünf Jahren überzeugt war, er würde ihr nie einen Antrag machen, wenn sie nicht die Initiative ergreife.

Einmal saßen sie allein im Garten, und sie faßte sich ein Herz: „John, laß uns heiraten. Sollen wir heiraten, John?"

Lange Pause. Schließlich sagte John: „Ja."

Wieder Pause. Schließlich sagte das Mädchen: „Sag etwas, John. Warum sagst du nichts?"

„Ich fürchte, ich habe schon zuviel gesagt."

So oder gar nicht

Im alten Indien pflegte man das Wasser mittels eines Persischen Rades aus dem Brunnen zu schöpfen; eine praktische Vorrichtung, deren einziger Nachteil der damit verbundene Lärm war, sobald man es in Bewegung setzte.

Eines Tages kam ein Reiter an der Farm vorbei und bat um Wasser für sein Pferd. Der Bauer setzte gerne das Rad in Betrieb, aber das Pferd, das an einen solchen Lärm nicht gewöhnt war, scheute vor dem Brunnen zurück.

„Könnt Ihr den Lärm nicht abstellen, damit mein Pferd trinken kann?" fragte der Reiter.

„Das ist leider nicht möglich, Sir", sagte der Farmer. „Wenn Euer Pferd trinken will, muß es mit dem Wasser den Lärm akzeptieren, denn anders können wir das Wasser bei uns nicht schöpfen."

Sich aufeinander einlassen heißt reagieren.
Reagieren heißt sich selbst verstehen.
Sich selbst verstehen heißt erleuchtet sein.
Menschliche Beziehungen sind Schulen der Erleuchtung

HILFE LEISTEN

Den besten Samen teilen

Ein Farmer, dessen Mais auf der staatlichen Landwirtschaftsmesse immer den ersten Preis gewann, hatte die Angewohnheit, seine besten Samen mit allen Farmern der Nachbarschaft zu teilen.

Als man ihn fragte, warum er das täte, sagte er: „Eigentlich liegt es im ureigensten Interesse. Der Wind trägt die Pollen von einem Feld zum anderen. Wenn also meine Nachbarn minderwertigen Mais züchten, vermindert die Kreuzbestäubung auch die Qualität meines Kornes. Darum liegt mir daran, daß sie nur den allerbesten anpflanzen."

Was man anderen gibt, gibt man sich selbst.

Bequemer Magen

Vor langer Zeit ärgerten sich die einzelnen Körperteile sehr über den Magen. Es paßte ihnen nicht, daß sie Nahrung zu beschaffen hatten, die dem Magen zugute kam, während dieser selbst nichts tat, als die Früchte ihrer Arbeit zu verschlingen.

Also beschlossen sie, dem Magen keine Nahrung mehr zu liefern. Die Hände führten sie nicht mehr zum Mund, die Zähne kauten nicht mehr, der Rachen schluckte nicht mehr. Das sollte den Magen zwingen, selbst etwas zu tun.

Aber sie erreichten nichts weiter, als den Körper so zu schwächen, daß sie alle vom Tode bedroht waren. Also mußten sie schließlich die Lektion lernen, daß sie in Wahrheit für ihr eigenes Wohlergehen arbeiteten, wenn sie einander halfen.

Es ist unmöglich, anderen zu helfen,
ohne sich selbst zu helfen,
oder anderen weh zu tun,
ohne sich selbst weh zu tun.

Schutz gegen Prügel

Nasrudin murmelte vergnügt vor sich hin. Sein Freund fragte ihn, worum es sich handele.
Sagte Nasrudin: „Dieser Idiot Ahmed haut mich jedesmal, wenn er mich trifft, auf den Rücken. Jetzt habe ich einen Dynamitstab unter meine Jacke gesteckt. Wenn er mich also wieder haut, wird ihm der Arm abgerissen."

Problemverschiebung

Sagte ein Kolonialbeamter zu einem Eingeborenenhäuptling: „Es tut mir leid, daß mein Volk das deine unterdrückt. Du mußt mir helfen, das Problem zu lösen."

„Worin besteht das Problem?" fragte der Häuptling.

„Hör gut zu, mein Lieber. Wenn ich dich auf einem Holzstoß festbinden ließe und um dich Feuer legte, hättest du doch ein Problem, stimmt's?"

„Hätte ich wirklich eines? Wenn du mich wieder losbändest, wäre alles in Ordnung. Ließest du mich aber verbrennen, würde ich sterben. Und du hättest das Problem."

Der Zug hält sonnabends nicht

Ein Pendler sprang in New York auf einen Zug und sagte dem Schaffner, er fahre nach Fordham. „Sonnabends halten wir nicht in Fordham", sagte der Schaffner, „aber hören Sie zu. Wenn wir in Fordham die Fahrt verlangsamen, werde ich Ihnen die Tür öffnen, und Sie können hinausspringen. Aber achten Sie darauf, zunächst ein Stück in Fahrtrichtung mitzulaufen, oder Sie fallen platt aufs Gesicht."

In Fordham ging die Tür auf, und der Pendler, der absprang, lief vorwärts. Ein anderer Schaffner, der ihn erblickte, machte die Tür auf und zog ihn in den Zug, als dieser wieder schneller fuhr. „Da haben Sie aber Glück gehabt, Kumpel", sagte der Schaffner. „Dieser Zug hält sonnabends nicht in Fordham."

In den eigenen bescheidenen Grenzen
kann man Menschen oft am besten helfen,
wenn man ihnen aus dem Wege geht.

Dinge zu erledigen
ist eine Kunst.
Aber sie unerledigt liegen zu lassen
ist auch eine Kunst.

Opfer der Hitzewelle

In den Zeitungen stand, daß die Hitzewelle zu Ohnmachtsanfällen führte. Deswegen war die junge Dame nicht erstaunt, als der mittelalterliche Herr neben ihr auf der Kirchenbank zusammensackte. Schnell kniete sie sich neben ihn, legte die Hand fest auf seinen Kopf und drückte ihn hinunter zwischen seine Knie. „Lassen Sie den Kopf hängen", flüsterte sie eindringlich, „Sie werden sich gleich besser fühlen, wenn Ihnen das Blut wieder in den Kopf steigt."

Die Frau des Mannes sah das und lachte unterdrückt, tat aber nichts, ihrem Mann oder der jungen Dame zu helfen. Eine herzlose Person, dachte die junge Dame.

Fassungslos merkte sie, wie sich der Mann ihrem festen Griff entwand. Er zischte sie an: „Was geht Sie das an, Sie dumme Gans! Ich versuche, meinen Hut unter der Bank wieder aufzuheben."

Wer sich besonders bemüht,
die Lage zu verbessern,
erreicht oft das Gegenteil.

Letztlich liegt die Lösung von Problemen
weder im Handeln noch im Nichthandeln,
sondern im Verstehen;
denn bei echtem Verständnis
gibt es kein Problem.

Rennen wie der Teufel

Unterwegs auf der Straße sah ein Priester, wie ein kleiner Junge immer wieder hochsprang, um die Haustürklingel zu erreichen. Der arme Kerl war zu klein, und die Glocke hing zu hoch.

Also ging der Priester hin und klingelte für den kleinen Kerl. Dann wandte er sich lächelnd an den Kleinen: „Und was machen wir jetzt?"

Das Bürschlein sagte: „Rennen wie der Teufel!"

Tierliebe

Eine Lehrerin fragte in einer unteren Klasse, was die Kinder Tieren schon an Freundlichkeiten erwiesen hätten.

Es gab einige herzzerreißende Geschichten.

Als Tommy an der Reihe war, sagte er stolz: „Einmal habe ich einem Jungen einen Fußtritt gegeben, weil er einen Hund getreten hat."

Unsinnig, Krieg zu führen, um alle Kriege zu beenden oder mit Gewalt der Liebe Geltung zu verschaffen.

Ungenießbar

Vor vielen Jahren ließ sich ein seltener, noch nie zuvor in China gesehener Vogel in einem Vorort der Hauptstadt nieder. Der Kaiser war hoch erfreut. Er befahl, dem Vogel Speisen von seiner eigenen Tafel zu bringen, und seinem Orchester, ihm zur Freude aufzuspielen.

Aber der Vogel blickte elend und benommen drein. Er weigerte sich, die angebotenen Speisen anzurühren, und kurz darauf wurde er krank und starb.

Vogelfutter für ein Kaninchen

Ein Vogel fraß giftige Beeren, die ihm aber nicht schadeten. Eines Tages trug er einige zusammen und gab einen Teil davon ab, um seinem Freund, dem Kaninchen, etwas zugute kommen zu lassen. Dieses wollte nicht undankbar erscheinen, fraß die Beeren und starb.

Wenn die Anklage auf Einbruch lautete,
in der Absicht, Gutes zu tun,
wie viele von uns könnten auf NICHT SCHULDIG *plädieren?*

Zehn Tassen Kaffee

Ein Bettler sah einen Bankier aus seinem Büro kommen und sagte: „Könnten Sie mir ein paar Cents geben, Sir, daß ich mir eine Tasse Kaffee kaufen kann?"

Dem Bankier tat der Mann leid, der schmutzig und elend aussah. Er sagte: „Hier haben Sie einen Dollar, dafür können Sie sich zehn Tassen Kaffee kaufen."

Am nächsten Tag war der Bettler wieder vor dem Büro

des Bankiers, und als dieser herauskam, versetzte er ihm einen Schlag.

„He", sagte der Bankier, „was tun Sie da?"

„Sie und Ihre verdammten zehn Tassen Kaffee. Ich konnte die ganze Nacht nicht schlafen."

Ich bekenne, Ihnen geholfen zu haben.
Würden Sie es nun über sich bringen,
mir zu vergeben und mich in Ruhe zu lassen?

Geld für einen Elefanten

Eines Tages bat Nasrudin einen reichen Mann um etwas Geld.

„Wofür braucht Ihr es?"

„Um einen Elefanten zu kaufen."

„Wenn Ihr kein Geld habt, werdet Ihr den Elefanten nicht unterhalten können."

„Ich bat um Geld", sagte Nasrudin, „nicht um Rat."

Erste Hilfe

Ein weibliches Mitglied des Rettungsdienstes hatte an der Küste Erste Hilfe zu leisten.

Sie bemerkte, daß viele leere Flaschen auf einem Stück Rasen herumlagen, und fürchtete, die Leute würden versehentlich darauf treten und sich verletzen. Also legte sie ihre Erste-Hilfe-Ausrüstung hin und machte sich daran, die Flaschen aufzusammeln.

Ein älterer Herr, der sich erstaunt fragte, was sie wohl täte, stolperte über ihre Tasche und verletzte sich.

Die verordnete Dosis

Wachen Sie auf, Sir", sagte die Krankenschwester und schüttelte den schlafenden Patienten.

„Was ist los? Ist etwas passiert?" fragte der aufgeschreckte Patient.

„Nichts. Ich habe nur vergessen, Ihnen Ihre Schlaftabletten zu geben."

Gestern brannte es in unserer Wohnung.
Glücklicherweise konnten wir das Feuer löschen,
ehe die Feuerwehr Schaden anrichtete.

Der Wohltätigkeitsball

Es macht mir großen Spaß, Ihnen helfen zu können – aber ich möchte doch auf ein bißchen Dankbarkeit bestehen.

Eine mit Juwelen behangene adlige Witwe trat aus einem eleganten Hotel in London, wo sie auf einem Wohltätigkeitsball diniert und getanzt hatte.

Sie wollte gerade in ihren Rolls-Royce steigen, als sich ihr ein Straßenjunge näherte und bettelte: „Bitte, schenken Sie mir Sixpence, Madam, haben Sie Mitleid, ich habe seit zwei Tagen nichts gegessen."

Die Herzogin wich zurück. „Du undankbarer Kerl!" rief sie. „Weißt du nicht, daß ich die ganze Nacht für dich getanzt habe?"

Sichere Zuflucht

Das Konzert in dem Badeort war schlecht und wurde auch in der Lokalzeitung nicht erwähnt. Nach der ersten Aufführung nahm die Zahl der Zuhörer merklich ab. Nur ein kleiner Mann kam jeden Abend und ließ keine Aufführung aus. Doch auch seine Anwesenheit, so sehr sich die Orchestermitglieder darüber freuten, konnte die Show finanziell nicht retten.

Am letzten Abend trat der Manager vor den Vorhang und sagte: „Meine Damen und Herren, bevor wir uns von Ihnen verabschieden, möchten wir unserem Freund hier in der ersten Reihe für seine hochgeschätzte Unterstützung danken. Er hat nicht eine einzige Aufführung ausgelassen!"

Der kleine Mann erhob sich, um seinen Dank zu stottern. „Das ist sehr liebenswürdig von Ihnen", sagte er, „aber tatsächlich war hier der einzige Ort, wo meine Frau mich nie gesucht hätte!"

Gottlob bleibt der Öffentlichkeit verborgen,
warum wir anderen Hilfe leisten.

Der nächste, bitte!

Es war sehr freundlich von Ihnen, bis zum Ende meiner Rede zu bleiben, obgleich alle anderen hinausgingen."

„Nett, daß Sie das sagen. Aber wissen Sie, ich bin der nächste Redner."

Zu den „Fünf Glocken“

Es war einmal ein Gasthaus, das hieß „SILBERSTERN“. Der Gastwirt kam auf keinen grünen Zweig, obgleich er alles tat, Gäste zu gewinnen: Er richtete das Haus gemütlich ein, sorgte für eine freundliche Bedienung und hielt die Preise in vernünftigen Grenzen. In seiner Verzweiflung fragte er einen Weisen um Rat.

Als er die jammervolle Geschichte des anderen gehört hatte, sagte der Weise: „Es ist sehr einfach. Du mußt den Namen deines Gasthauses ändern.“

„Unmöglich!“ sagte der Gastwirt. „Seit Generationen heißt es ‚SILBERSTERN‘ und ist unter diesem Namen im ganzen Land bekannt.“

„Nein“, sagte der Weise bestimmt, „Du mußt es nun DIE FÜNF GLOCKEN nennen und über dem Eingang sechs Glocken aufhängen.“

„Sechs Glocken? Das ist doch absurd. Was soll das bewirken?“

„Versuch es einmal, und sieh selbst“, sagte der Weise lächelnd.

Also machte der Gastwirt einen Versuch, und folgendes geschah: Jeder Reisende, der an dem Gasthaus vorbeikam, ging hinein, um auf den Fehler aufmerksam zu machen, jeder in dem Glauben, außer ihm habe ihn noch keiner bemerkt. Und wenn sie erst einmal in der Gaststube waren, waren sie beeindruckt von der freundlichen Bedienung und blieben da, um eine Erfrischung zu bestellen. Und das war die Chance, auf die der Wirt so lange gewartet hatte.

Nichts entzückt das eigene Ich mehr,
als die Fehler anderer korrigieren zu können.

Barmherzigkeit und Dankbarkeit

Vor langer Zeit gab Gott einmal eine Party, zu der er alle Tugenden, die großen und die kleinen, die bescheidenen und die mächtigen, einlud. Sie versammelten sich in einer wunderbar geschmückten Halle im Himmel und begannen sich alsbald himmlisch zu amüsieren, weil sie sich untereinander kannten, und einige sogar eng miteinander verwandt waren.

Plötzlich fielen Gott zwei liebreizende Tugenden auf, die sich nicht zu kennen schienen und offenbar nicht viel miteinander anzufangen wußten. Also nahm er eine von ihnen bei der Hand und stellte sie der anderen förmlich vor. „Dankbarkeit", sagte er, „das ist Barmherzigkeit."

Aber kaum hatte Gott den Rücken gedreht, als die beiden wieder auseinandergingen. Und deswegen wird erzählt, daß selbst Gott die Dankbarkeit nicht dorthin bringen konnte, wo die Barmherzigkeit ist.

Preisbewußtsein

Einige neu angekommene Missionare heuerten einen Eingeborenen an, der sie in einem Kanu auf dem Kongo fahren sollte.

Nach einer Weile hörten sie gleichmäßiges Trommelschlagen. Auf dem ganzen Weg war das Dröhnen in regelmäßigen Abständen zu vernehmen.

„Was bedeutet das?" fragte ein Missionar ängstlich.

Der Eingeborene lauschte dem Trommelschlag und übersetzte: „Die Trommeln sagen: drei Weiße, sehr reich, Preise heraufsetzen."

Saadi aus Schiras sagte:
„Keiner erlernte bei mir Bogenschießen,
der nicht auch in mir die Zielscheibe sah."

Platz machen, bitte!

Eine Frau beugte sich über ein Opfer, das der Straßenverkehr gefordert hatte, und die Menge sah zu. Plötzlich wurde sie brüsk zur Seite geschoben von einem Mann, der sagte: „Machen Sie bitte Platz. Ich habe einen Erste-Hilfe-Kursus mitgemacht."

Die Frau sah einige Minuten zu, während der Mann sich mit dem Verletzten beschäftigte. Dann sagte sie ruhig: „Wenn Sie zu dem Teil kommen, wo Sie nach einem Arzt schicken müssen, ich bin schon da!"

Öfter als man denkt,
ist der Arzt schon da
– im Inneren des Menschen,
dem man helfen will.

Nur bei Bewußtlosigkeit

Ein begeisterter junger Priester war zum Krankenhausseelsorger ernannt worden.
Eines Tages sah er die Neuzugänge durch und stieß auf eine Karte mit dem Vermerk, daß die Patientin Katholikin war.

Eine weitere Bemerkung auf dieser Karte berührte ihn eigenartig: „Besuch eines Priesters unerwünscht, außer bei Bewußtlosigkeit."

Unerläßliche Frage, ehe man um Rat oder Hilfe bittet:
„Bin ich wirklich bei Bewußtsein?"

Hinaustragen oder aufwecken?

Es wird erzählt, daß in einem Haus Feuer ausbrach, während ein Bewohner fest schlief.
Man versuchte, ihn durch das Fenster hinauszutragen. Unmöglich. Man versuchte, ihn durch die Tür zu tragen. Unmöglich, er war einfach zu groß und zu schwer.

Man wußte sich keinen Rat mehr, bis jemand vorschlug: „Weckt ihn doch, dann wird er allein hinausgehen."

Nur um Schläfer und Kinder sollte man sich kümmern.
Wacht auf! Oder werdet erwachsen!

Kopfschmerzen ausgetauscht

Einem jungen Mann, der Priester werden wollte, wurde beigebracht, daß von einem Priester vor allen Dingen erwartet würde, ein offenes Ohr für alle Klagen zu haben. Nur zuhören, zuhören, zuhören ... vielleicht würde er denen, die da ihr Herz ausschütteten, nicht helfen können, hätte ihnen aber auf alle Fälle ein freundliches Ohr geliehen. Genau das nahm er sich vor, als er in seine erste Pfarrgemeinde kam.

Egal, wie sehr sich auch sein Innerstes empörte, er zwang sich, zuzuhören, zuzuhören, zuzuhören ..., und offenbar kam das gut an. Aber irgend etwas schien irgendwie falsch zu laufen. Da kam z. B. eine alte Dame, die über Kopfschmerzen klagte. Solch schreckliche, furchtbare Kopfschmerzen. „Sagen Sie mir, was Sie quält", sagte der Priester einladend. Und sie begann zu reden, zu reden und zu reden, während der Priester zuhörte, zuhörte und zuhörte.

Es schien immer Erfolg zu haben. „Vor einer Stunde

kam ich mit solchen Kopfschmerzen hierher, Father. Und nun sind sie weg, einfach weg."

Doch der Priester wird gedacht haben: „Ich weiß, ich weiß, denn jetzt habe ich sie."

Wie man Freunde und Feinde gewinnt

Ein Kurs wurde über das Thema abgehalten: WIE MAN FREUNDE GEWINNT UND MENSCHEN BEEINFLUSST. Ein junger Geschäftsmann erklärte der Klasse, wie er alle Prinzipien des Kurses angewandt habe, als er über ein Geschäftsprojekt zu verhandeln hatte. Und es habe wunderbar geklappt – nun ja, nicht ganz:

„Ich machte alles so, wie ich es hier gelernt habe", fügte er hinzu. „Ich begann damit, ihn freundlich zu begrüßen, dann lächelte ich ihn an und stellte ihm persönlich Fragen. Aufmerksam hörte ich alles an, was er sagte. Ich bemühte mich besonders seinen Ansichten zuzustimmen und ihm immer wieder zu versichern, daß ich ihn für einen phantastischen Menschen hielte. Er redete und redete, länger als eine Stunde. Als wir uns schließlich trennten, wußte ich, daß ich einen Freund fürs Leben gewonnen hatte."

Jedermann im Klassenzimmer applaudierte höflich. Als der Beifall nachließ, sagte der Redner mit Nachdruck: „Aber, Junge, Junge! *Er* hat einen Feind mehr!"

Warum Geschenke machen,
die man sich gefühlsmäßig nicht leisten kann.

Ein Rat aus der Praxis

Alte Menschen sind nicht einsam,
weil niemand hilft, ihre Bürde zu tragen,
sondern weil sie nur ihre eigene Bürde zu tragen haben.

Eine 85jährige Frau wurde an ihrem Geburtstag interviewt. Der Reporter fragte, welchen Rat sie Menschen ihres Alters zu geben hätte.

„Nun", sagte die reizende alte Dame, „in unserem Alter ist es sehr wichtig, unsere Fähigkeiten ständig einzusetzen, sonst verkümmern sie. Es ist wichtig, mit Menschen zusammen zu sein, und wenn es nur irgendwie möglich ist, seinen Lebensunterhalt durch Dienstleistung zu verdienen. Das hält uns lebendig und gesund."

„Darf ich fragen, was Sie tun, um in Ihrem Alter Ihren Lebensunterhalt zu verdienen?"

„Ich kümmere mich um eine alte Dame in meiner Nachbarschaft", lautete die Antwort.

Liebe heilt jeden,
die, die sie empfangen,
und die, die sie geben.

Moses' Verwunderung

Von Moses wird erzählt, er sei, ehe er sein Volk aus Ägypten herausführte, bei einem großen Meister in der Lehre gewesen, um darauf vorbereitet zu werden, eines Tages ein Prophet zu sein. Die erste Disziplin, die der Meister von Moses verlangte, war die des Schweigens. Eines Tages wanderten die beiden über Land, und Moses war von den Schönheiten der Natur so ergriffen, daß es ihm nicht schwerfiel zu schweigen. Aber als sie an das Ufer eines Flusses kamen, sah er, wie am anderen Ufer ein

Kind ertrank, und hörte die Hilfeschreie der armen Mutter.

Bei einem solchen Anblick konnte Moses nicht schweigen. „Meister", sagte er, „könnt Ihr nicht etwas tun, um dieses Kind zu retten?" – „Schweig", sagte der Meister. Also hielt Moses den Mund.

Aber im Herzen war er beunruhigt. Er dachte: „Ist es möglich, daß mein Meister in Wirklichkeit ein hartherziger, gefühlloser Mensch ist? Oder hat er nicht die Macht, Menschen in Not zu helfen?" Er fürchtete sich, in bezug auf den Meister solche Gedanken zu hegen, aber er konnte sie auch nicht verscheuchen.

Im Laufe ihrer Wanderschaft kamen sie an die Küste, und er sah ein Boot, das mit der ganzen Besatzung unterging. Moses sagte: „Meister! Seht! Das Boot sinkt!" Wieder befahl ihm der Meister, sich an das Gebot des Schweigens zu halten, also sagte Moses nichts mehr.

Aber sein Herz war zutiefst betrübt, und als sie nach Hause kamen, brachte er die Angelegenheit vor Gott, der zu ihm sagte: „Dein Meister hatte recht. Das Kind, das ertrank, wäre die Ursache eines Krieges zwischen zwei Völkern geworden, in dem Hunderttausende umgekommen wären. Dieses Unglück wurde durch sein Ertrinken abgewendet. Und was das sinkende Schiff betrifft, so war es mit Piraten bemannt, die eine Küstenstadt überfallen wollten, um dort zu plündern und viele unschuldige friedliebende Menschen umzubringen."

Gefälligkeit ist nur dann eine Tugend,
wenn sie von Weisheit begleitet wird.

Dann lieber Spatzen

Das Landwirtschaftsministerium verlautbarte, Spatzen bedrohten die Ernte und sollten daher vernichtet werden.

Als das durchgeführt worden war, ließen sich Schwärme von Insekten, die sonst von den Spatzen vertilgt worden wären, auf den Feldern nieder und begannen, die Ernte zugrunde zu richten. Darauf kam das Ministerium auf die Idee, teure Pestizide zu verwenden.

Die Pestizide verteuerten die Lebensmittel. Sie waren auch schädlich für die Gesundheit. Zu spät erkannte man, daß die Sperlinge, obwohl sie von dem Korn auf den Feldern lebten, die Nahrungsmittel gesund und billig gehalten hatten.

Der goldene Nabel

Es war einmal ein Mann, der hatte einen goldenen Bauchnabel. Aber was den meisten Menschen eine Quelle des Stolzes gewesen wäre, war für ihn nur ein Grund zur Verlegenheit. Jedesmal, wenn er duschte oder schwamm, ließen seine Freunde ihren Spott an ihm aus.

Also betete er immer wieder, daß sein Nabel von ihm genommen werde. Eines Nachts träumte er, ein Engel sei vom Himmel gekommen, hätte seinen Nabel herausgeschraubt und sei wieder gen Himmel gefahren.

Als er am Morgen aufwachte, guckte er als erstes nach, ob sein Traum wahr sei. Er war es! Auf dem Tisch lag der herausgeschraubte Nabel, hell und glänzend. Voll Freude sprang der Mann aus dem Bett – und sein Hinterteil fiel ab!

Nur Weise können gefahrlos die Aufgabe übernehmen, andere oder sich selbst zu verändern.

Der Suppenstein

Ein recht gut gekleideter Fremder stand vor der Tür und bat die erstaunte Hausfrau, ihm etwas zu essen zu geben. „Es tut mir leid", sagte sie, „ich habe gerade jetzt nichts im Haus."

„Keine Sorge", sagte der liebenswürdige Fremde, „ich habe einen Suppenstein in meinem Bündel. Wenn Sie erlauben, tue ich ihn in einen Topf kochenden Wassers und werde damit die köstlichste Suppe der Welt zubereiten. Einen sehr großen Topf, bitte."

Die Frau war neugierig. Sie stellte den Topf auf den Ofen und flüsterte einer Nachbarin die Geschichte von dem Suppenstein zu. Als das Wasser zu kochen begann, hatten sich alle Nachbarn eingefunden, um den Fremden und seinen Suppenstein zu sehen. Der Fremde ließ den Stein ins Wasser fallen, kostete dann einen Teelöffel voll, verzog genüßlich das Gesicht und rief: „Ah, köstlich! Es brauchte nur noch einige Kartoffeln."

„Ich habe Kartoffeln in der Küche", rief eine Frau. In ein paar Minuten brachte sie eine große Menge schon kleingeschnittener Kartoffeln, die in den Topf geworfen wurden. Dann kostete der Fremde wieder das Gebräu. „Ausgezeichnet!" sagte er und fügte betrübt hinzu: „Wenn wir bloß etwas Fleisch hätten, gäbe das einen sehr schmackhaften Eintopf."

Eine andere Hausfrau stürzte nach Hause und kam mit etwas Fleisch zurück, das der Fremde gnädig entgegennahm und in den Topf warf. Als er die Brühe wieder kostete, rollte er die Augen himmelwärts und sagte: „Wie schmackhaft! Wenn wir noch etwas Gemüse hätten, wäre sie vollkommen, wirklich vollkommen!"

Einer der Nachbarn lief nach Hause und kam mit einem Korb voll Mohrrüben und Zwiebeln zurück, die auch in den Suppentopf wanderten. Der Fremde schmeckte ab und sagte im Befehlston: „Salz und Maggi." – „Die stehen hier", sagte die Hausfrau. Darauf ein weiterer Befehl: „Für jeden einen Suppenteller!" Die Leute liefen nach Hause, um die Teller zu holen. Einige brachten sogar Brot und Obst mit.

Dann setzten sie sich alle hin zu einer köstlichen Mahlzeit, und der Fremde teilte jedem eine große Portion seiner unglaublichen Suppe aus. Alle fühlten sich merkwürdig glücklich, als sie miteinander redeten und lachten und zum ersten Mal zusammen aßen. Mitten in der Fröhlichkeit schlich sich der Fremde still davon und ließ den wundertätigen Suppenstein zurück, den sie, wann immer sie Lust hatten, benutzen konnten, um die beste Suppe der Welt zuzubereiten.

Nicht allein so schlau

In einem Dorf sollte ein großes Fest gefeiert werden, und jeder Dorfbewohner sollte dazu beitragen, indem er eine Flasche Wein in ein riesiges Faß goß. Als das Fest begann und das Faß angezapft wurde, kam nur Wasser heraus.

Einer der Dorfbewohner hatte sich gedacht: „Wenn ich eine Flasche Wasser in dieses große Faß schütte, wird niemand den Unterschied merken." Woran er jedoch nicht gedacht hatte, war, daß jedermann im Dorf auf denselben Gedanken gekommen sein könnte.

Die Geduld von Altvater Johannes

Eine Geschichte der ägyptischen Wüstenväter:

Es war einmal ein alter Einsiedler, ein großer Asket und von heiligmäßigem Geist, aber seine Gedanken waren nicht mehr ganz klar. Dieser Mann suchte Altvater Johannes auf, um ihn wegen seiner Vergeßlichkeit um Rat zu fragen. Er erhielt ein Wort der Weisheit und kehrte in seine Zelle zurück. Aber schon auf dem Rückweg vergaß er, was Altvater Johannes gesagt hatte.

Also ging er noch einmal hin und erhielt das gleiche Wort. Aber wieder vergaß er es unterwegs. Das wiederholte sich mehrere Male. Er hörte Altvater Johannes zu, und auf dem Rückweg in seine Zelle hatte Vergeßlichkeit ihn wieder übermannt.

Viele Tage später traf er zufällig Altvater Johannes und sagte: „Vater, ich muß Euch sagen, daß ich wieder vergessen habe, was Ihr mir gesagt habt. Ich wäre noch einmal zurückgekommen, aber ich bin Euch schon genug zur Last gefallen, und ich wollte Euch nicht zu sehr belästigen."

Altvater Johannes sagte: „Geh und entzünde eine Lampe." Der alte Mann tat, wie ihm gesagt. Dann fuhr Johannes fort: „Hole noch einige Lampen mehr, und entzünde sie an der ersten." Der alte Mann tat es.

Dann sagte Altvater Johannes: „Hat die erste Lampe einen Verlust erlitten, weil die anderen Lampen an ihr entzündet wurden?"

„Nein", sagte der alte Mann.

„Und genauso ist es mit Johannes. Wenn nicht nur du, sondern die ganze Stadt Scetis zu mir um Rat oder Hilfe käme, würde ich nicht den geringsten Verlust erleiden. Also komm zu mir ohne Zögern, wann immer du willst."

Wohin mit dem Geld?

Ein Schüler kam zu seinem Meister und sagte: „Ich bin ein reicher Mann und habe gerade ein großes Vermögen geerbt. Wie kann ich es am besten einsetzen, so daß es mir zum geistigen Nutzen gereicht?"

Sagte der Meister: „Komm nach einer Woche zurück, und ich werde dir eine Antwort geben."

Als er wiederkam, sagte der Meister mit einem Seufzer:

„Ich weiß wirklich nicht, was ich dir sagen soll. Wenn ich vorschlage, du mögest es deinen Freunden und Verwandten geben, wird es dir keinen geistigen Nutzen bringen. Wenn ich sage, du mögest es der Kirche geben, fütterst du damit nur die Habgier der Priester. Und wenn ich dir vorschlage, es den Armen zu geben, wirst du dich deiner Barmherzigkeit rühmen und der Sünde der Selbstgerechtigkeit verfallen."

Da der Schüler den Meister aber drängte, ihm eine Antwort zu geben, sagte er schließlich: „Gib das Geld den Armen. Dann werden wenigstens sie davon profitieren, auch wenn du nichts davon hast."

Wer nicht hilft, benachteiligt andere.
Wer hilft, benachteiligt sich selbst.
Ist man sich dieses Dilemmas nicht bewußt,
stirbt die Seele.
Hat man sich davon befreit, ist sie unsterblich.

Strenge oder Barmherzigkeit

Noch eine Geschichte der Wüstenväter:

Ein Bruder legte einmal einem der Älteren diese Frage vor: „Es waren einmal zwei Brüder, der eine blieb betend in seiner Zelle, fastete sechs Tage in der Woche und übte sich in Entbehrungen. Der andere verbrachte seine Zeit damit, Kranke zu versorgen. Wessen Arbeit ist wohlgefälliger vor Gott?"

Der ältere Bruder erwiderte: „Wenn der Bruder, der fastet und betet, sich auch noch an der Nase aufhängte, wäre das nicht einer einzigen Tat der Barmherzigkeit gleichzusetzen, die der andere vollbringt, indem er Kranke pflegt."

Leben ist mehr

Ehefrau zu Ehemann, dessen Gesicht in einer Zeitung vergraben ist: „Ist es dir je in den Sinn gekommen, daß mehr am Leben sein könnte als das, was in der Welt vorgeht?"

Die meisten Leute lieben die Menschheit,
es ist der Nachbar, der ihnen auf die Nerven geht.

Wer bringt das Pferd zum Fliegen?

Im alten Indien verurteilte ein König einen Mann zum Tode.

Der Mann bat den König, das Urteil aufzuheben, und fügte hinzu: „Wenn der König gnädig ist und mein Leben schont, werde ich seinem Pferd innerhalb eines Jahres das Fliegen beibringen."

„Es sei", sagte der König, „aber wenn das Pferd in dieser Zeit nicht fliegen lernt, wirst du dein Leben verlieren."

Als seine Familie voll Sorge den Mann später fragte, wie er sein Versprechen einlösen wolle, sagte er: „Im Lauf eines Jahres kann der König sterben. Oder das Pferd kann sterben, oder es kann fliegen lernen. Wer weiß das schon?"

Zeit für sich – Zeiten zum Lesen

Anthony de Mello
Zeiten des Glücks
Band 5009

Die schönsten Texte de Mellos, die aufmerksam machen auf die tieferen Möglichkeiten des Alltags. Geschichten, die Herzen verwandeln.

Anthony de Mello
Warum der Vogel singt
Weisheitsgeschichten
Band 4893

Wie in einem Brennglas konzentriert: westliche und östliche, antike und moderne Lebenserfahrungen aus mehr als zwei Jahrtausenden.

Bernardin Schellenberger (Hrsg.)
Gib deiner Seele Flügel
Mystische Augenblicke für jeden Tag
Band 5031

Die schönsten und zugänglichsten Texte alter und moderner Mystiker – ausgewählt für jeden Tag. 365 Inspirationen, die aus der Routine führen.

Gelassenwerden
Herausgegeben von Rudolf Walter
Band 5016

Die innere Gelassenheit wächst, wenn man ihr Raum gibt, wenn es gelingt, loszulassen, Vertrauen zu gewinnen, das Ganze zu sehen.

Dalai Lama
Einführung in den Buddhismus
Die Harvard-Vorlesungen
Band 4946

Die unauslotbare Tiefe der buddhistischen Weisheitstradition – von einer der großen geistigen Gestalten der Gegenwart auf einzigartige Weise erschlossen.

Laß dir Zeit
Entdeckungen durch Langsamkeit und Ruhe
Hrsg. von Rudolf Walter
Band 5006

Antoine de Saint-Exupéry
Man sieht nur mit dem Herzen gut
Band 4886
Von der Zuneigung und Freundschaft zwischen Menschen und darüber, wie das Eigentliche gelebt werden kann.

Hanns Dieter Hüsch
Das Schwere leicht gesagt
Band 4881
Zwischen Bibel und Brecht: Querdenker-Texte mit Tiefgang von der Seele des deutschen Kabaretts, Hanns Dieter Hüsch.

Elie Wiesel
Geschichten gegen die Melancholie
Die Weisheit der chassidischen Meister
Band 4296
Die chassidische Weisheit als wahre Lebenshilfe – Zeichen der Hoffnung und Waffe gegen die Melancholie.

Rafik Schami
Zeiten des Erzählens
Band 4997
Rafik Schami kann mit Worten zaubern. Wirklichkeit und Märchen, Vergangenheit und Gegenwart verwebt er zu einem farbenprächtigen orientalischen Erzählteppich.

Idries Shah
Die fabelhaften Heldentaten des vollendeten Narren und Meisters Mulla Nasrudin
Band 4164
Humorvolle und tiefgründige Geschichten, die den Leser in die bezaubernde Welt des Orients entführen.